AF276833

EL DOBLE ESPEJO:
TESTIGO Y ACTOR

ANDRÉS FERNÁNDEZ ROSEÑADA

EL DOBLE ESPEJO: TESTIGO Y ACTOR

SABIDURÍA NO-DUAL

EDITORIAL DILEMA
MADRID 2025

Publicado por:
Editorial Dilema
Ibáñez Marín, 11, local.
28019-MADRID
Teléfonos: 91 472 9071 / 670 367 479
info@editorialdilema.com
www.editorialdilema.com

Diseño de Portada: Esther Hernández
Maquetación: JMPG - jmpg731@gmail.com

ISBN: 978-84-9827-704-3
Depósito Legal: M-12941-2025

CUANDO LA OLA RECUERDA QUE ES EL OCÉANO- EL CIELO CONTEMPLA, LAS NUBES PASAN- CUANDO EL PENSADOR CALLA, LA CONCIENCIA HABLA.

"Un viaje entre textos e imágenes que invita a la comprensión."

Índice

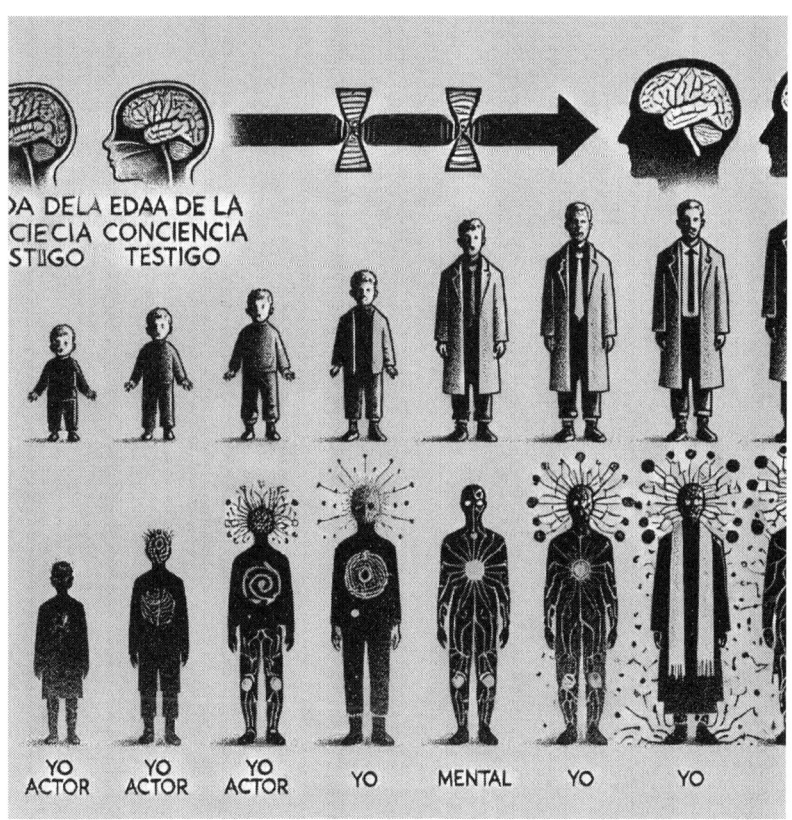

A medida que crecemos, desde los 5 a 7 años, el desarrollo de la "teoría de la mente" lleva a los niños a desconectarse del presente, identificándose con el "yo actor". Esta tendencia se intensifica en la adolescencia, cuando la búsqueda de identidad y la necesidad de aprobación social profundizan la desconexión de la "conciencia Testigo". En la adultez temprana (imagen abajo), entre los 25 y 35 años, las responsabilidades y la carga emocional refuerzan esta identificación con el Actor, consolidándola aún más. Entre los 40 y 50 años, las experiencias acumuladas y el peso de la vida agravan la desconexión, incrementando la carga emocional. La autoindagación o meditacion surge como una práctica esencial para recuperar la conexión con la conciencia Testigo y redescubrir la atención sostenida y presente (imagen arriba).

I

Dos miradas, un solo ser

La experiencia humana se organiza en dos dimensiones: el Actor (Ilusión de un individuo separado que desempeña un papel en la "película" de la vida, yo, ego, mente), actúa y se relaciona con el mundo, y el Testigo (sakshi), la conciencia pura que percibe sin juzgar. Aunque parecen opuestos, ambos emergen de una misma esencia, reflejando la no-dualidad, que trasciende la separación entre observador y observado, integrándolos en una unidad.

El Actor vive desde el yo condicionado, identificado con el cuerpo, la mente y las experiencias. En cambio, el Testigo representa la conciencia inmutable y eterna, que observa desde una perspectiva libre de apego y juicio. Reconocer esta diferencia permite trascender la ilusión de separación, liberándonos de las limitaciones del ego.

La meditación no-dual es el puente entre el Actor y el Testigo. En este estado, el Actor se silencia y la atención se enfoca en el Testigo, revelando una conexión profunda con la existencia y una experiencia de unidad. Este tipo de meditación no es solo una herramienta para aliviar tensiones, sino un camino transformador hacia la comprensión de nuestra verdadera naturaleza.

La filosofía no-dual, arraigada en tradiciones como el Advaita Vedanta, el Budismo Mahayana **y el Taoísmo, sostiene que las divisiones entre seres** y cosas son ilusorias. Vivir desde esta perspectiva transforma nuestras relaciones y nos permite experimentar claridad, compasión y libertad interior.

El libro aborda cómo trascender la identificación con el Actor y conectar con el Testigo, no como teoría, sino como una experiencia vivencial. La paz verdadera no se encuentra controlando la mente, sino reconociendo la fuente silenciosa de la que toda surge. Este viaje hacia el Testigo revela la esencia espiritual del ser humano y transforma la forma de vivir en el mundo.

Dos pájaros posados en un árbol, uno comiendo un fruto y el otro observando. En el **Mundaka Upanishad**, se narra la historia de estas dos aves inseparables que habitan el mismo árbol. Una de ellas, simbolizando al **Actor (mente)**, se dedica a saborear los frutos dulces y amargos, representando la participación activa en las experiencias de la vida. La otra, encarnando al **Testigo**, observa en silencio, reflejando la conciencia pura y desapegada. Esta metáfora nos invita a reconocer la dualidad en nuestra existencia y a encontrar equilibrio entre la acción y la observación consciente.

Antes de cerrar este capítulo, quiero presentar alguna metáfora antigua, que ya he compartido en otros libros, y que nos ayudará a comprender mejor la diferencia entre el Testigo y el Actor. En los Upanishads, textos sagrados de la tradición hindú, aparece una poderosa imagen en el Mundaka Upanishad (3.1.1-2):

"Dos aves, inseparables amigas, se posan en el mismo árbol. Una de ellas come los frutos dulces y amargos, mientras la otra simplemente observa sin comer." "El pájaro que come los frutos se ve atrapado en la tristeza y la ilusión (Actor), pero al volverse hacia su amigo, el que todo lo percibe, encuentra paz y se libera del sufrimiento."

En esta imagen, dos gemelos idénticos representan las dos naturalezas del ser humano. Uno, el Actor, está inmerso en el mundo, atrapado en roles, emociones y pensamientos. Su expresión es dinámica, ansiosa por interactuar con la vida. El otro, el Testigo, observa en silencio, inmutable, presente más allá del tiempo y la acción. No lucha ni reacciona, solo ve. Esta dualidad refleja la esencia de la no-dualidad: cuando el Actor reconoce al Testigo dentro de sí, la ilusión del yo separado se desvanece y surge la claridad. El verdadero Ser no es el Actor, sino el Testigo.

En esta metáfora, el pájaro que come los frutos representa al Actor, la parte de nosotros que vive inmersa en las experiencias de la vida, reaccionando ante el placer y el dolor. El segundo pájaro, que observa sin involucrarse, simboliza al Testigo, la conciencia pura que contempla todo con calma y desapego.

Esta imagen nos invita a recordar que, aunque participemos en el mundo como el Actores, (detrás) siempre está presente el Testigo, listo para ofrecernos claridad y paz al reconocer su presencia. Es un llamado a trascender la identificación con el fruto cambiante de nuestras acciones y emociones, y a conectar con nuestra naturaleza inmutable y eterna.

El árbol en el que ambos pájaros habitan simboliza la vida misma. Sus raíces se hunden en la tierra, como nuestras conexiones con el mundo material, mientras que sus ramas se extienden hacia el cielo, representando nuestro potencial espiritual. Los dos pájaros son inseparables, como lo son el Actor y el Testigo o dos gemelos dentro de nosotros. Pero, al igual que en el árbol, el equilibrio solo se encuentra cuando ambos reconocen sus papeles.

LOS DOS GEMELOS: EL ACTOR Y EL TESTIGO

En lo profundo del corazón humano, habitan dos gemelos internos que se alternan en el escenario de la vida. Uno es el gemelo actor, dinámico, inquieto, siempre ansioso por interpretar los papeles que la sociedad le asigna. El otro es el gemelo Testigo, silencioso, sereno, observando cada acción, cada pensamiento, sin interferir. Juntos forman una pareja inseparable, aunque rara vez trabajan en armonía.

El Actor es el que se levanta al amanecer con una lista interminable de tareas, compromisos y preocupaciones. Es quien se identifica con el cuerpo-mente-yo, con las emociones y con el flujo incesante de pensamientos. Este gemelo es un experto en interpretar cualquier rol: el profesional, el amigo, el padre, el hijo, incluso el meditador. Sin embargo, detrás de su energía inagotable se oculta una profunda inquietud. Busca validación, temiendo constantemente no ser suficiente.

El Actor vive en el mundo del tiempo y del cambio. Se aferra al pasado y se proyecta al futuro, olvidando casi siempre la quietud del presente. Sus movimientos son rápidos, sus decisiones a menudo impulsivas, guiadas por el deseo o el miedo. Sin embargo, su mayor ceguera es ignorar la presencia de su gemelo, el Testigo, que siempre está ahí (en lo más profundo de tu interior), observando en silencio.

El Testigo, en cambio, no se preocupa por actuar ni por ganar aplausos. Su único interés es ver. Observa sin juzgar, sin apegarse a las experiencias ni rechazar lo que surge. Para el Testigo, cada momento es perfecto tal como es (aceptación). Es consciente del Actor y sus constantes vaivenes, pero no se involucra.

El Testigo no lucha, no planea, no busca. Simplemente está presente, como un espejo que refleja todo sin distorsión. Su mirada es profunda y calma, capaz de iluminar incluso las sombras más densas del Actor. Sin embargo, el Testigo no se impone. Si el Actor decide ignorarlo, el Testigo permanece en silencio, esperando pacientemente a que el mismo testigo se vuelva hacia si mismo o se auto reconozca (solo el Testigo puede reconocerse).

EL JUEGO DE ALTERNANCIAS

En el día a día, el Actor domina la mayoría del tiempo. Cuando surge un conflicto, es el primero en reaccionar. Cuando se logra un éxito, se atribuye todo el mérito. Sin embargo, hay momentos fugaces en los que el Testigo se manifiesta, como un destello de claridad en medio del caos.

Por ejemplo, al contemplar un atardecer o al leer un libro, el Actor podría desaparecer momentáneamente, y el Testigo toma el control, permitiendo que el individuo experimente la paz profunda del ahora. Pero en cuanto surge un pensamiento —"Qué hermoso es este atardecer, debería tomar una foto"— el Actor regresa, robando o entrando en la escena una vez más.

Esta imagen representa la esencia de la meditación no-dual.
El meditador sentado en calma simboliza al **Testigo**, la conciencia
pura que observa sin identificarse con pensamientos ni
emociones. A su alrededor, las sombras representan
la actividad mental del **Actor**, la mente inquieta que reacciona
y se aferra a la experiencia. En la práctica meditativa, cuando
la atención se posa en el presente sin juicio, el Actor pierde su
dominio y el Testigo emerge con claridad. La verdadera
meditación no es controlar la mente, sino **observar sin interferir**,
permitiendo que la conciencia se revele en su estado natural
de serenidad y lucidez.

EL RETO DEL DESPERTAR

El desafío para estos gemelos es aprender a coexistir en equilibrio.
Aunque el Actor tiene su papel, su excesivo protagonismo impide
que el Testigo se manifieste plenamente. Sin embargo, cuando el
Actor comienza a practicar la concentración y la meditación, algo

mágico sucede. Poco a poco, el Actor se calma, permitiendo que el Testigo tome las riendas.

En esos momentos, se disuelve la ilusión de separación. Actor y Testigo ya no son dos, sino uno solo: la conciencia misma, capaz de actuar con lucidez y observar con serenidad.

LA CONVERSACIÓN SILENCIOSA

En su esencia, estos gemelos no están en conflicto. Solo necesitan recordar que son dos caras de un mismo espejo o de la misma moneda. Cuando el Actor aprende a escuchar al Testigo, sus acciones se vuelven más sabias, más compasivas. Y cuando el Testigo ilumina al Actor, ambos pueden participar en la danza de la vida con gracia y equilibrio.

Este es el camino hacia la verdadera liberación: permitir que el Testigo guíe al Actor, dejando que la conciencia-atencional sin esfuerzo ilumine cada acto, cada pensamiento, y cada momento. Solo entonces se comprende que nunca fueron dos, sino siempre Uno.

Hay que recordar que la auténtica meditación no dual tiene dos sabores: atención y conocimiento. En el marco de Testigo y Actor, esta distinción cobra un significado profundo:

- Atención es el Testigo, la conciencia pura que simplemente observa sin identificarse con lo observado. Es la presencia sin esfuerzo, el ver sin necesidad de interpretar.
- Conocimiento es la claridad espontánea, la comprensión directa que surge al estar presente sin dualidad. No es conocimiento conceptual o adquirido, sino el darse cuenta inmediato de lo que es.

En la práctica meditativa, la atención pura (Testigo) no necesita un objeto, y el conocimiento no es una acumulación de ideas, sino la autoluminiscencia de la consciencia reconociéndose a sí misma.

El doble espejo: Testigo y Actor, destaca cómo la atención y el conocimiento se manifiestan en la práctica de la meditación no dual y cómo afectan la dinámica entre el Testigo y el Actor. Atención y Conocimiento, son los dos sabores de la meditación no dual.

La atención de un piloto de Fórmula 1 es absoluta. No hay espacio para la duda ni para la distracción; cada movimiento es preciso, cada instante cuenta. Su mirada está fija en la pista, su cuerpo responde sin necesidad de pensar. Aquí, la atención no pertenece al Actor, que teme y duda, ni al Testigo, que observa pasivamente. Es pura presencia en acción, la fusión total de ambos. Así ocurre en la meditación no-dual: cuando la atención es viva y sostenida en el presente, no hay división entre el que ve y lo visto ni entre la atención y el conocimiento. Solo queda el fluir de la experiencia, sin un "yo" que controle.

Cuando la atención tanto interna como externa se mantiene en su estado más puro no pertenece al Actor ni al Testigo en términos de propiedad, sino que es el propio Testigo en acción. No se dirige a algo específico, sino que descansa en sí misma. No lucha contra pensamientos o sensaciones, sino que los observa con ecuanimidad.

Sin embargo, en la meditación no dual auténtica, cuando atención y conocimiento son uno, no hay separación posible.

- No se "practica" la atención; se es atención.
- No se "busca" el conocimiento; se es conocimiento.

La imagen muestra a un artista profundamente inmerso en su creación, el verdadero pintor no es un hacedor separado, sino un canal por donde fluye la creación (una figura etérica y luminosa como si representara la conciencia o Testigo guiando la obra, la no-dualidad en el arte). En su estado más profundo, su mente se aquieta y la pincelada surge sin esfuerzo, como si la obra se pintara a sí misma. En ese instante, no hay separación entre el artista, el pincel y el lienzo; solo queda la expresión pura. Así, la pintura se convierte en meditación, un testigo silencioso de la manifestación sin intervención del ego. Esta entrega absoluta al acto de pintar refleja la esencia de la no-dualidad: la disolución del yo en la totalidad. En cada trazo, el artista encarna la atención pura, revelando la belleza del instante presente.

Cuando el Testigo está despierto y reconoce su propia luz, el Actor se extingue naturalmente, porque su existencia dependía de la ignorancia de esta verdad. En ese instante, la dualidad desaparece y el doble espejo deja de reflejar dos imágenes distintas: solo hay una realidad, única e indivisible.

Igualmente, la meditación no dual puede compararse con un arte, esta idea se relaciona directamente con *El Doble Espejo: Testigo y Actor* y los dos sabores de la meditación no dual: atención y conocimiento.

La Meditación no dual como arte de no hacer, la atención del testigo. Todo arte auténtico surge de una fuente más allá del esfuerzo mental. Un pintor, un músico o un poeta experimentan momentos donde la creación fluye sin esfuerzo. En ese estado, el artista no es un "hacedor" separado; más bien, se convierte en un canal a través del cual la obra se expresa.

En la meditación no dual, el Testigo es esa presencia en la que la realidad se manifiesta sin intervención del ego. La atención pura no es un acto voluntario, sino una apertura natural, como la inspiración artística que brota espontáneamente. El arte de la meditación consiste en no interferir, en permitir que la experiencia se despliegue sin manipulación, igual que un pintor deja que la imagen emerja sin forzarla.

Un artista experimentado no necesita pensar cada trazo, cada nota o cada palabra: sabe sin esfuerzo. Este es el paralelo con el segundo sabor de la meditación no dual: el conocimiento.

El músico no "piensa" la música: la siente y la deja ser. El Testigo no "busca" la verdad: la reconoce en el instante presente. El conocimiento no dual es como la creatividad artística: no se obtiene estudiando, sino descubriendo lo que ya está ahí.

El Advaita siempre ha afirmado que la verdad no se adquiere: se revela cuando cesa la interferencia del ego. De la misma forma, un verdadero artista no crea, sino que deja que la obra se manifieste.

La metáfora del Doble Espejo también se aplica al arte. Un artista puede verse reflejado en su obra, pero si se identifica demasiado con ella, pierde la libertad creativa. El Actor es el artista identificado con su obra, el que cree que su valor depende de lo que crea. El Testigo

La violinista aparece con los ojos cerrados, encarnando atención pura sin esfuerzo. Su expresión es serena, entregada al sonido sin intervención del ego. Unidad entre intérprete, instrumento y melodía. La música y la meditación no-dual comparten la misma esencia: la fusión del Testigo y el Actor en el instante presente. Un verdadero músico no toca la música; la música se expresa a través de él. Con los ojos cerrados, la atención pura disuelve al hacedor, y solo queda el sonido fluyendo sin esfuerzo. En ese estado, no hay separación entre el intérprete, el instrumento y la melodía. Así como en la meditación el Testigo observa sin interferir, en la música el artista se entrega por completo, permitiendo que la armonía emerja espontáneamente. Es el arte de no hacer, de ser música.

es el artista que fluye con la creación, que no se aferra ni rechaza, sino que deja que la expresión ocurra.

En el arte y en la meditación no dual, el verdadero maestro es quien permanece en el Testigo, permitiendo que la obra (o la vida misma) se exprese sin ataduras.

La no-dualidad no es una filosofía seca o una serie de conceptos intelectuales. Es un arte de vivir sin esfuerzo, sin separación y sin lucha. Es vivir la vida como una danza no-dual. En la danza, no hay separación entre el bailarín y el baile. En la meditación, no hay separación entre el Testigo y lo testimoniado.

La Espontaneidad del no hacer: un verdadero artista no sigue reglas rígidas, sino que fluye con la creatividad. Un sabio Advaitin (aquel que vive y reconoce la realidad como no-dual) no vive según normas fijas, sino que responde espontáneamente a cada momento. En el arte, muchas veces el espacio vacío es tan importante como los trazos. En la meditación no dual, el silencio es la mayor enseñanza.

La meditación no-dual es un arte vivo, meditar no es una técnica sino una expresión de la verdad misma. Como un pintor que deja que el cuadro se pinte solo, el meditador no dual simplemente ve, atiende y sabe, sin esfuerzo y sin separación.

Un pintor maestro no lucha con el lienzo; se deja guiar por la expresión natural de la obra. El Testigo es el lienzo en blanco, siempre presente, sin alteraciones ni juicios. El Actor es el pintor distraído que trata de corregir y controlar cada pincelada, en lugar de dejar que la pintura fluya. Cuando el Testigo ve con claridad, el artista y la obra se vuelven uno, como en la caligrafía Zen o el arte de la tinta china, donde el trazo espontáneo es la expresión de la consciencia presente.

La música existe gracias al equilibrio entre sonido y silencio, de la misma manera que la no-dualidad revela que la forma y el vacío son uno. En la meditación no dual, el Testigo es el silencio subyacente, siempre presente, del que emergen pensamientos y sensaciones. El Actor es el ruido mental que trata de aferrarse a notas específicas, perdiendo la fluidez de la experiencia. Un gran músico no se apega a las notas, sino que fluye con la música.

Miles Davis (fue un innovador trompetista y compositor estadounidense, quien decía que *"la verdadera música está en las notas que no tocas"*), reflejando la esencia no-dual: la verdad no está en lo que agregamos, sino en lo que dejamos de resistir.

Un músico se disuelve en la melodía, un pintor en su trazo, un bailarín en el movimiento, su expresión es serena, encarnando la presencia sin ego. No hay esfuerzo ni división: el arte ocurre. Así, en la meditación externa no-dual, la atención es pura presencia. No hay un "yo" que controle, solo el acto desplegándose por sí mismo. El Testigo observa sin interferencia, mientras el Actor desaparece en la ejecución perfecta. La danza, la música, la pintura no son meras acciones, sino estados de fusión total. En ese instante, el artista y la obra son uno (la unión, estado de felicidad). Vivir desde esta atención es meditar sin cerrar los ojos, en el arte del momento presente.

Un bailarín no piensa cada paso, sino que se convierte en la danza. En la meditación no dual, el Testigo es el movimiento sin esfuerzo, el flujo natural sin un "yo" que lo controle. El Actor es el que piensa en cada paso, teme equivocarse y se desconecta del fluir de la danza. Cuando el Testigo está presente, la danza ocurre por sí misma.

En la poesía las palabras señalan el silencio. Un poeta no necesita adornar con muchas palabras; las mejores poesías sugieren más de

Esta imagen representa la dualidad entre el Actor, inmerso en el sueño
de la vida, y el Testigo, que observa con claridad y desapego. El Actor
se identifica con sus pensamientos, emociones, deseos y miedos, atrapado
en la ilusión de la individualidad representada con rostros turbios y formas
caóticas a la izquierda. Cree que el sueño o pensamiento es real y sufre
por ello. En cambio, el Testigo sentado sobre un acantilado iluminado
por una luz trascendente a la derecha, ve más allá, sabe que todo es
transitorio y permanece en paz. Comprender esta dinámica es el camino
hacia la no-dualidad: vivir en el mundo como Actor, pero con la lucidez
del Testigo, despertando a la realidad última de la conciencia pura.

lo que dicen. En la meditación no dual, el Testigo es el espacio entre
las palabras, lo que permite que el significado surja sin esfuerzo. El
Actor es el que se apega a las palabras, tratando de describir lo que
no puede ser dicho. La verdadera meditación es como la poesía
mística: apunta más allá de las palabras hacia la experiencia directa.

La Meditación no dual es el arte supremo, no es una práctica
rígida, sino un arte vivo, donde la vida misma es la expresión de la

conciencia sin separación. Como en cualquier arte verdadero: No hay esfuerzo; el hacer surge por sí solo. No hay identificación; el creador y la obra son uno. No hay búsqueda; la belleza está en lo que es. Cuando el Testigo se despierta, la meditación no dual se convierte en arte, y la vida misma es la obra maestra.

EL SUEÑO Y EL SOÑADOR

La vida puede compararse con un sueño en el que interactúan dos aspectos internos: el Actor y el Testigo.

El Actor es como el personaje en el sueño, completamente identificado con sus roles, emociones y experiencias. Cree que lo que ocurre en el "sueño" de la vida es real y definitivo, y vive atrapado en el miedo, el apego y el deseo. Olvida su naturaleza esencial, reaccionando ante las circunstancias como si fueran permanentes.

El Testigo, por otro lado, es como el soñador que observa el sueño desde una perspectiva más amplia. Aunque no interviene, ve todo con claridad, reconociendo que las experiencias del Actor son transitorias y no afectan la esencia real. El Testigo no se identifica con el contenido del sueño, permaneciendo en calma y paz, más allá de la ilusión.

DESPERTAR EN EL SUEÑO

Practicar la no-dualidad es como despertar dentro del sueño de la vida. Es darse cuenta de que no somos únicamente el Actor atrapado en sus dramas, sino también el Testigo, la conciencia pura que observa sin apego. Cuando el Actor actúa guiado por la serenidad del Testigo, se transforma su relación con la vida, permitiendo enfrentar los problemas con ligereza y claridad.

Al comprender que somos tanto el soñador como el observador del sueño, las preocupaciones pierden su peso. Reconocer que las experiencias son pasajeras nos permite vivir con profundidad, autenticidad y libertad. Este es el corazón de la no-dualidad: actuar en el mundo como el Actor, pero con la perspectiva del Testigo, sabiendo que ambos surgen de la misma conciencia esencial.

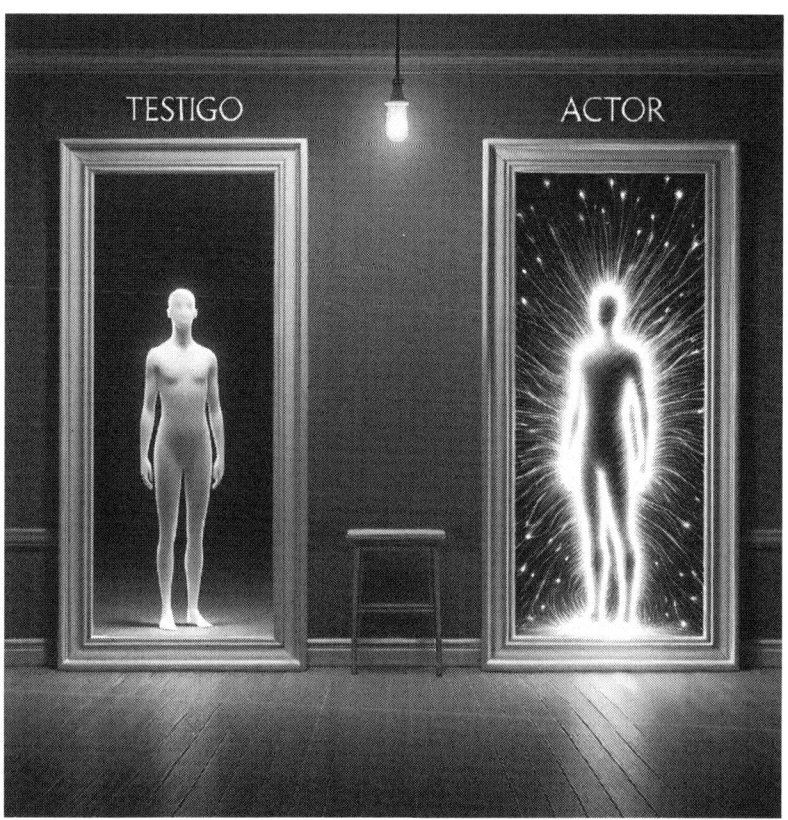

En la imagen, el espejo de la izquierda muestra la figura de un hombre
(la cual representa la conciencia Testigo silenciosa), lo que podría dar la
impresión de que el Testigo tiene una identidad propia. Sin embargo,
el Testigo es vacío, sin forma, sin atributos. Lo correcto sería que el
espejo de la izquierda el Testigo estuviera completamente limpio y sin
reflejo, mientras que el del Actor muestra un reflejo en constante cambio,
representando la identificación con pensamientos, inmerso en el flujo
constante de emociones y experiencias. La atención pura no pertenece
ni al Actor ni al Testigo como propiedad, sino que es el propio Testigo
en acción. Así, cuando la atención y el conocimiento se fusionan, no hay
separación entre el que observa y lo observado. No se busca la atención,
se es atención. No se busca el conocimiento, se es conocimiento.

2

La naturaleza del espejo doble

Vamos a explorar una idea esencial en el camino hacia la comprensión de nuestra verdadera esencia: la coexistencia de dos dimensiones fundamentales en el ser humano, representadas en la metáfora del doble espejo.

Estas dimensiones, conocidas como el Actor y el Testigo, reflejan dos maneras de experimentar la realidad. Por un lado, el Actor actúa, siente y se identifica con su historia personal; por otro, el Testigo observa desde una perspectiva desapegada, permitiendo una conexión más profunda con nuestra verdadera naturaleza.

El Actor es la parte de nosotros que vive inmersa en la dualidad del mundo, identificándose con el cuerpo, la mente y el "yo" personal. Este Actor experimenta una amplia gama de emociones y situaciones: alegría y tristeza, éxito y fracaso, amor y desamor. Su percepción de la realidad se basa en los opuestos (bueno-malo, alto-bajo), lo que lo lleva a involucrarse profundamente en los dramas de la vida cotidiana.

Este Actor vive condicionado por sus creencias, deseos y aprendizajes acumulados a lo largo del tiempo. Define su identidad en función de sus roles, logros y fracasos, reaccionando constantemente a los estímulos del entorno. Esta dimensión del ser es indispensable para interactuar con el mundo, pero al identificarse exclusivamente con el Actor, surge la ilusión de separación o división y la sensación de estar atrapado en una narrativa personal.

En contraste, el Testigo representa la conciencia pura que observa sin involucrarse en el flujo cambiante de pensamientos, emociones y experiencias. Es la parte de nosotros que permanece estable, inmutable y atenta, más allá de las fluctuaciones de la vida. El Testigo no juzga ni se identifica con lo que ocurre; simplemente observa y percibe con claridad y ecuanimidad, reconociendo que todo lo que sucede es transitorio.

Mientras el Actor vive en la dualidad, el Testigo reside en la realidad no-dual, donde no existen divisiones ni conflictos. Desde esta perspectiva, el Testigo es consciente tanto de las acciones del Actor como de su propia naturaleza. Aquí, la vida se experimenta como un flujo continuo, libre de juicios y condicionamientos, permitiendo una sensación de paz interior y conexión profunda.

Vamos a explicar mejor, con esta imagen, la metáfora del doble espejo. Esta imagen representa más claramente y visualmente el concepto central de "El Doble Espejo: Testigo y Actor", basado en la no-dualidad y la relación entre los dos aspectos internos del ser humano. Los elementos clave en la imagen y su significado no-dual: la figura en la sombra (Actor) representa el "Yo Hacedor", el aspecto identificado con el cuerpo, la mente y el mundo de las formas. Está en la oscuridad porque vive en la dualidad, atrapado en la ilusión del ego y la separación. No se ve a sí mismo claramente, ya que su identidad está basada en condicionamientos y pensamientos. Sin embargo, el espejo luminoso simboliza el "Yo Testigo", la conciencia pura que observa sin identificarse con el Actor. La luz del espejo representa la claridad y el conocimiento directo, libre de distorsiones. Mientras el Actor busca respuestas en la oscuridad de su mente, el Testigo simplemente ES.

El contraste entre luz y sombra significa la fuerte diferencia entre la oscuridad del Actor y la luz del espejo, enfatizando la dualidad percibida. Pero, en realidad, ambos aspectos forman una unidad: la conciencia que se refleja a sí misma en el espejo de la existencia. La iluminación parcial sugiere que, si el Actor se vuelve hacia la luz del Testigo, puede reconocer su verdadera naturaleza. Según la filosofía no-dual, la mente es un espejo que puede estar limpio y reflejar la realidad tal como es, o estar empañado por pensamientos y emociones que distorsionan la visión. Aquí, el espejo iluminado representa la mente en su estado puro, reflejando la verdadera conciencia sin identificaciones. El mensaje central de la imagen, según la no-dualidad: no hay realmente dos entidades separadas, el Actor y el Testigo son aspectos de una única conciencia. La imagen muestra el proceso de darse cuenta de esta unidad: el Actor cree estar separado, pero, en realidad, es solo un reflejo del Testigo. El espejo simboliza la posibilidad de despertar y reconocer que no hay un "otro", solo la presencia inmutable de la conciencia. Desde el punto de vista del Actor, el mundo parece un reflejo externo, separado de él. Desde el punto de vista del Testigo, el mundo es solo un reflejo de la conciencia misma. La imagen muestra que lo que buscamos fuera siempre ha estado dentro y que el Testigo nunca ha estado separado del Actor—simplemente lo observa sin juicio.

LA METÁFORA DEL DOBLE ESPEJO

El doble espejo es una poderosa metáfora para entender la relación entre el Actor y el Testigo. Un espejo refleja el mundo dual en el que vive el Actor, mientras que otro espejo revela la realidad no-dual del Testigo. Así como un espejo refleja sin confundirse con la imagen, el Testigo observa sin quedar atrapado en las historias o emociones del Actor.

Ambos espejos coexisten en cada uno de nosotros. Mientras el Actor reacciona a las experiencias del mundo externo, el Testigo mantiene una perspectiva desapegada, reconociendo que estas experiencias no definen nuestra esencia. Este equilibrio entre las dos dimensiones nos permite vivir con mayor libertad y claridad.

Imagina un armario con un espejo pegado en el interior de su puerta. Este espejo representa la conciencia-Testigo, que permanece siempre igual, pura y serena. Cuando la puerta del armario está cerrada, el espejo está ahí, pero no refleja nada, simplemente existe en su estado inmutable.

Al abrir la puerta, el espejo comienza a reflejar tanto el interior del armario como el mundo exterior. Estos reflejos representan al Actor, la dualidad del mundo: las formas, los colores, las acciones, todo lo que percibimos y experimentamos. Aunque el espejo refleja estas imágenes, nunca se convierte en ellas.

Así, tenemos el Testigo, simbolizado por el espejo en sí, y la dualidad, simbolizada por el espejo y sus reflejos. Aunque parecen distintos, son inseparables. El espejo permanece inalterable, mientras los reflejos cambian constantemente, mostrándonos cómo la conciencia-Testigo ilumina todo sin identificarse con lo que observa.

En el Bhagavad Guita (es un texto sagrado hindú que expone enseñanzas espirituales) se presenta la conocida metáfora del cochero y el carro, una imagen que describe la relación entre el alma (Testigo), la mente, y el cuerpo. Adaptándola al contexto de la no-dualidad que propone "el doble espejo: Testigo y Actor", podemos reinterpretarla para explicar de manera clara y sencilla la dinámica entre el Testigo y el Actor.

Esta imagen representa la relación entre el Actor y el Testigo en el viaje
de la vida. El carro simboliza el cuerpo y sus acciones en el mundo.
Los caballos representan las emociones e impulsos, y las riendas, la
mente que los guía. El cochero, el Actor, maneja el carro, creyendo ser el
único responsable del trayecto. Sin embargo, en el fondo, el verdadero
dueño del carro es el Testigo, que observa todo con serenidad, sin
intervenir. La no-dualidad se realiza cuando el Actor reconoce la presencia
del Testigo y aprende a actuar con su claridad y desapego.

Imaginemos que la vida es como un carro tirado por caballos. Este
carro representa nuestro cuerpo y nuestras acciones en el mundo.
Los caballos simbolizan las emociones y los impulsos, que tiran del
carro en diversas direcciones. Las riendas son la mente, encargada
de guiar a los caballos y dirigir el carro hacia su destino. El cochero,
por su parte, es el Actor, quien maneja las riendas y decide el rumbo
inmediato.

Pero, ¿quién es el dueño del carro? En esta metáfora, el verdadero
dueño es el Testigo. El Testigo es quien observa en silencio cómo se
desarrolla el viaje, consciente tanto del cochero como del carro, las

Esta imagen representa el discernimiento en la vida diaria y su papel en la meditación no-dual. La persona en la encrucijada simboliza nuestra constante elección entre dos formas de vivir: identificarnos con el Actor, atrapados en pensamientos y emociones, o reconocer la claridad del Testigo, la conciencia pura que observa sin apego. El discernimiento (viveka) no busca rechazar al Actor, sino integrar ambos aspectos con sabiduría. En la meditación, esta claridad nos permite actuar plenamente en el mundo sin perdernos en él. Así, vivimos con intensidad, pero con la serenidad del Testigo siempre presente en nuestro interior.

riendas y los caballos. No interviene directamente en la conducción; su función es simplemente ser consciente de todo lo que ocurre.

En nuestra vida diaria, solemos identificarnos plenamente con el cochero, el Actor. Creemos que somos nosotros (Actor) quienes debemos controlar todo: las emociones, los impulsos, las decisiones, y las acciones. Sin embargo, cuando reconocemos al Testigo, nos damos cuenta de que hay una parte de nosotros que está siempre en calma, siempre presente, el origen del conocimiento (pues cuando no atiendes no conoces), y que no se ve afectada por el caos del viaje.

Este Testigo no está limitado por las decisiones del cochero ni por los caminos que recorre el carro; simplemente observa.

El camino hacia la paz interior radica en aprender a distinguir entre el Testigo y el Actor. Mientras el Actor está atrapado en el drama de manejar el carro y lidiar con los caballos, el Testigo permanece inmóvil, como un espejo que refleja todo sin aferrarse a nada. La verdadera libertad surge cuando comprendemos que no somos solo el cochero que lucha por mantener el control, sino también el Testigo que puede observar con claridad y sin juicio cada momento del viaje.

Así, la metáfora del carro y el cochero nos enseña que, aunque es necesario conducir el carro con habilidad y cuidado, el verdadero descanso y la verdadera sabiduría están en recordar nuestra naturaleza como Testigos: atentos, presentes, serenos y libres.

Discernimiento: es la clave para integrar al Actor y al Testigo. El discernimiento, conocido en la filosofía no-dual como viveka, es la capacidad de distinguir entre la perspectiva del Actor y la del Testigo. Este discernimiento no implica rechazar al Actor, sino reconocer cuándo estamos operando desde la identificación con el yo personal y cuándo estamos observando desde la conciencia más amplia del Testigo.

Al desarrollar este discernimiento, podemos participar plenamente en la vida, como el Actor, sin perder la conexión con nuestra esencia profunda, que reside en el Testigo. Esto nos permite vivir con intensidad, sin quedar atrapados en el drama de la vida, y mantener una sensación de paz interior incluso en medio de desafíos.

Metáforas que ilustran el doble espejo: para comprender mejor la relación entre el Actor y el Testigo, utilizamos diversas metáforas:

> 1. *El teatro: el Actor es como un personaje en el escenario, completamente inmerso en la obra de teatro, viviendo cada emoción y situación como si fuera definitiva.* El Testigo, en cambio, es como un espectador en el público, observando la obra desde una distancia segura, consciente de que es solo una representación.
> 2. **La televisión:** el Actor se identifica con la historia que se desarrolla en la pantalla, mientras que el Testigo es quien

observa desde fuera, sabiendo que la película no afecta su
verdadera naturaleza.
3. **El cielo y las nubes:** el Actor es como las nubes, siempre
en movimiento, mientras que el Testigo es el espacio o
cielo, inmutable, permitiendo que las nubes pasen sin
identificarse con ellas.
4. **El río y su reflejo:** el Actor es como el agua que fluye
constantemente en un río, mientras que el Testigo es el
reflejo en la superficie, inmóvil y sereno, observando el
movimiento sin ser afectado por él.
5. **El viento y la montaña:** el Actor es el viento y las nubes
que se mueven sin cesar, cambiando de dirección, mientras
que el Testigo es la montaña, inmóvil como una estatua,
presenciando el paso del viento y las nubes sin ser afectado.

El objetivo del doble espejo no es suprimir al Actor, sino integrar
ambas perspectivas en la vida diaria. Al reconocer que somos tanto el
Actor como el Testigo, logramos un equilibrio natural entre acción y
atención. Vivimos plenamente como actores en el mundo, pero con
la claridad y la paz del perceptor como Testigo, que sabe que todo
es transitorio.

Esta integración nos permite experimentar cada momento con
intensidad, pero sin quedarnos atrapados en él. Participamos en el
mundo con libertad, sabiendo que nuestra verdadera esencia trasciende las identidades y las historias del Actor.

El Testigo no es una entidad separada, sino la cualidad de ser
conscientes aquí y ahora. Es como el espacio que permite que todo
suceda: pensamientos, emociones y experiencias fluyen dentro de
este espacio, pero no lo alteran. Al conectar con esta conciencia,
descubrimos que nuestra verdadera naturaleza es mucho más amplia
y profunda que las identidades temporales del Actor.

La metáfora del doble espejo nos invita a explorar nuestras dos
dimensiones internas, el Actor y el Testigo, como aspectos complementarios de una misma realidad. El Actor vive en el mundo dual,
mientras que el Testigo reside en la unidad no-dual. Al integrar
ambas perspectivas, alcanzamos una comprensión más profunda de
nuestra verdadera esencia.

Este equilibrio nos permite navegar la vida con claridad, serenidad y conexión, viendo las experiencias como manifestaciones transitorias que enriquecen nuestra existencia sin definirnos. La integración del Actor y el Testigo es el corazón de la no-dualidad: vivir plenamente en el mundo, pero desde una conciencia que trasciende las limitaciones del yo personal.

Al reconocer esta dualidad interna y trascenderla, dejamos de sentirnos divididos y experimentamos una paz profunda. Comprendemos

La imagen simboliza el espejo vacío, representación de la conciencia pura que refleja todo sin verse afectada. El espejo es el Testigo, la presencia inmutable que observa pensamientos y emociones sin identificarse. Frente a él, un meditador representa la práctica de concentración y meditación, el camino para reconocer esta verdad. El Actor, identificado con el flujo mental, reacciona y se aferra a las experiencias. En cambio, el Testigo observa con claridad, como un espejo limpio. La concentración intensa aquieta la mente, permitiendo que la acción surja libremente. La imagen nos invita a preguntarnos: ¿Somos el reflejo o el espejo? Al descubrir al Testigo, trascendemos la ilusión y vivimos desde la libertad de la consciencia pura.

que no somos solo el personaje en escena, sino también la presencia que observa, libre de juicios y condicionamientos. Esta perspectiva nos abre a una vida más auténtica, equilibrada y conectada con la totalidad de la existencia.

EL ESPEJO VACÍO

El Espejo Vacío es una metáfora central en la filosofía no dual para describir la naturaleza del Testigo o la consciencia pura. A continuación, te explico en detalle este concepto, ajustado a meditadores de diferentes niveles.

¿Qué es el espejo vacío?: el espejo vacío representa la esencia de la conciencia, que refleja todas las experiencias, pensamientos, emociones y sensaciones sin ser afectadas por ellas. Así como un espejo refleja todo lo que aparece frente a él sin quedar marcado o modificado por las imágenes que refleja, el espejo vacío simboliza:

- **La presencia pura**: la conciencia que está detrás de toda experiencia.
- **El perceptor desidentificado**: ve el mundo tal como es, sin aferrarse ni rechazar lo que aparece.
- **La realidad intangible**: aunque refleja el mundo dual, permanece vacía de contenido propio.

Refleja todo sin afectarse: así como un espejo puede mostrar imágenes hermosas o terribles sin ser transformado por ellas, la conciencia Testigo observa pensamientos y experiencias sin identificarse ni sufrir

Características del Espejo Vacío

1. **Es vacío de forma:** el espejo no tiene color, forma ni contenido propio; simplemente está ahí. Del mismo modo, la consciencia no tiene atributos propios, pero permite que todo lo demás aparezca en ella.

2. Es permanente y universal: mientras las imágenes en el espejo cambian constantemente, el espejo mismo permanece inmutable. Esto simboliza que la conciencia Testigo siempre está presente, más allá de los cambios en la mente y el cuerpo.

3. Es imparcial y sin juicio: no importa lo que aparezca frente al espejo: el reflejo de una flor o de un incendio. El espejo no juzga ni discrimina, al igual que el Testigo en la meditación no dual.

Relación con la Meditación En la meditación no dual, el practicante se entrena para identificarse con este espejo vacío, reconociendo que:		
No es las imágenes (pensamientos, emociones o experiencias).	Es el espacio o cielo donde todo ocurre, pero nada lo toca realmente.	Cuando uno reposa en el espejo vacío, se desvanece la identificación con el "Actor" y emerge la claridad de la unidad entre el Testigo y el mundo.

PARA MEDITADORES PRINCIPIANTES

El espejo vacío puede entenderse como la capacidad natural de observar lo que ocurre en tu mente o en tu vida sin reaccionar ni juzgar. Es el espacio en ti que simplemente está presente, dejando que los pensamientos y emociones pasen, como nubes reflejadas en un lago. Ejemplo práctico: cuando te sientas a meditar y observas tus pensamientos sin tratar de cambiarlos o controlarlos, comenzando a experimentar el espejo vacío o espacio vacío lleno de atención entre dos pensamientos, cuando muere uno antes de comenzar el siguiente pensamiento. Este espacio interno, que nunca se ve perturbado, es tu verdadera naturaleza.

PARA MEDITADORES EXPERIMENTADOS

El espejo vacío es una metáfora avanzada que apunta a la realización directa de la conciencia Testigo, no solo refleja la realidad, sino que **es** la realidad misma. Desde esta perspectiva:

- Lo que parece "reflejado" en el espejo no está separado de él.
- La dualidad entre el "observador" y lo "observado" desaparece.
- La experiencia directa del espejo vacío revela que todo es una proyección de la conciencia única.

El espejo vacío no puede ser encontrado como un "objeto", porque tú eres ese espejo. Al cesar la búsqueda de algo externo, el meditador se funde con su propia naturaleza, la cual siempre estuvo presente, sin forma ni límites. El espejo vacío es tanto un símbolo como una experiencia vivida en la meditación no dual. Es un recordatorio de que la conciencia Testigo no es algo que "tienes", sino algo que eres: vacía, inmutable y perfectamente libre, aunque permita que el juego de la vida se despliegue en su superficie.

La persona ve su reflejo fragmentado en el cristal, simbolizando
la ilusión de un yo dividido. En el fondo, su versión completa y serena
representa la **conciencia pura,** libre de condicionamientos. Solo vemos
una parte de nosotros mismos porque nos identificamos con
pensamientos, emociones y estructuras mentales limitadas. La psicología
y la no-dualidad coinciden en que esta percepción fragmentada es una
ilusión. La verdadera plenitud surge cuando soltamos el apego a nuestras
creencias y reconocemos nuestra naturaleza como **el Testigo,** la presencia
inmutable que todo lo ve.

3

¿Por qué solo vemos una parte de nosotros mismos?

A lo largo de la historia, tanto en Oriente como en Occidente, diversas tradiciones espirituales y filosóficas han tratado de responder a esta pregunta fundamental. La idea de que solo vemos o sentimos una parte de nosotros mismos; desde la no-dualidad en la India hasta las enseñanzas filosóficas de la antigua Grecia, esta inquietud ha sido objeto de exploración y reflexión.

La razón por la cual solo vemos una parte de nosotros mismos es porque estamos atrapados en un juego mental de identificaciones y condicionamientos que nos impide ver la totalidad de nuestro Ser, que es inseparable de la existencia misma.

En el pensamiento occidental moderno, influenciado por la psicología y la filosofía existencialista, se ha desarrollado una comprensión de la identidad como algo fragmentado y en constante construcción. La psicología moderna sugiere que el ser humano tiende a identificarse con diferentes roles, creencias y estructuras sociales, lo cual contribuye a una percepción fragmentada de sí mismo.

La búsqueda de la autenticidad, en este sentido, se convierte en un intento de integrar estas partes y alcanzar una visión más completa y unificada de quiénes somos realmente.

Todas estas tradiciones apuntan hacia una misma dirección: la percepción limitada de nosotros mismos surge de una ilusión mental que fragmenta nuestra experiencia. Ya sea por el ego, las clasificaciones de la mente, el apego a la identidad o la confusión entre lo aparente y lo real, el resultado es el mismo: nos vemos incompletos.

La imagen representa la dualidad entre el Testigo y el Actor en la vida cotidiana. En ella, una persona está sentada en un banco, observando el mundo con calma, simbolizando el Testigo, la conciencia pura y desapegada. A su alrededor, la multitud camina apresurada, perdida en pensamientos y distracciones, representando el Actor, el yo condicionado por la mente y la identificación con roles. Las palabras observación, concentración y meditación refuerzan la idea de que solo a través de la atención sostenida y presente se puede trascender la ilusión del yo fragmentado. El contraste entre la quietud del observador y la agitación del entorno enfatiza el mensaje de la no-dualidad: ver sin identificarse, estar presente sin ser atrapado por el flujo de pensamientos, emociones internas o estímulos externos.

La solución que proponen estas enseñanzas es trascender esta percepción parcial para llegar a una experiencia de unidad y totalidad. Ver más allá de la ilusión implica soltar la identificación con nuestras creencias limitadas y abrirnos a una visión más profunda de nuestra verdadera naturaleza como Testigos.

El camino hacia una comprensión más plena comienza primero experimentando y luego reconociendo que la percepción limitada no es la totalidad de nuestra existencia, sino un velo que podemos disipar para ver nuestra verdadera esencia.

La práctica de la autoindagación redirige la atención hacia el "YO-Testigo", cuestionando las creencias del "yo" separado. Explora la conciencia pura que trasciende cuerpo y mente, revelando nuestra naturaleza esencial oculta por identificaciones condicionadas. Es una herramienta clave para descubrir la presencia-Testigo siempre presente.

La repetición en el contexto de la no-dualidad no es mera insistencia teórica, sino una herramienta de transformación, que permite que el reconocimiento de nuestra verdadera naturaleza se consolide gradualmente. Es un proceso continuo que requiere paciencia y persistencia, en el cual se deja de lado la búsqueda de respuestas externas y se pone el foco en la percepción interna.

El Actor se identifica con roles y relaciones: padre, madre, hijo, maestro, discípulo, etc. Estas identificaciones definen una identidad individual, generando una narrativa interna que refuerza la separación entre el yo y el otro y ciega la verdadera naturaleza o expresión de la conciencia.

El Actor se sumerge en esta narrativa (ignorando que el verdadero veedor está detrás, como indiscutible Testigo, percibiendo en silencio pero atento a cualquier situación), olvidando que todo es una expresión de la propia conciencia Testigo imparcial.

Imagina dos gemelos en una casa llena de espejos distorsionados. El gemelo "yo" se ve triste en los espejos, atrapado en una imagen fragmentada de sí mismo, moldeada por sus emociones y pensamientos, creyendo que esta tristeza es su única realidad. Sin embargo, en la misma casa, su gemelo "Testigo" observa en silencio, consciente de que la tristeza es solo una ilusión transitoria. Aunque los espejos están diseñados para ocultar al Testigo, él permanece presente, viendo con claridad y compasión, esperando ser descubierto.

Estas dos gemelas ilustran la dualidad entre el **Actor** y el **Testigo** en la
filosofía no dual (observa el enfoque de sus ojos-atención). La hermana
distraída, dispersa y la mirada perdida, identificada con pensamientos y
emociones, representa al **Actor**, atrapada en una percepción fragmentada
de la realidad. La hermana atenta encarna al **Testigo** (concentrada en
la película), la conciencia pura que percibe sin identificarse, reconociendo la
transitoriedad de las experiencias. Esta distinción refleja cómo la mente
condicionada puede oscurecer nuestra verdadera esencia, mientras que la
atención sostenida nos conecta con nuestra naturaleza esencial.
La no dualidad nos invita a trascender la identificación con el **Actor** y a
vivir desde la perspectiva del **Testigo**, experimentando la unidad
y totalidad del Ser.

En la vida, todo lo que vemos cambia: las cosas nacen, crecen,
se transforman, y eventualmente desaparecen o mueren. Este es el
papel del Actor, que vive y actúa en el mundo cambiante. Sin embargo, detrás de todo esto está el Testigo, la conciencia que observa
sin ser afectada. El Testigo es invariable, siempre presente y sereno,
permaneciendo igual, sin alterarse por los cambios del Actor ni por
las circunstancias externas.

Romper el hechizo de la ilusión no implica eliminarla, ya que la ilusión no es un enemigo, sino un fenómeno natural de la mente humana. Se trata más bien de ver a través de la ilusión, comprender su naturaleza y trascenderla al observar la vida directamente siempre con la presencia del Testigo en cada momento, solo así eliminamos la ilusión dualista que el yo mente proyecta. Las herramientas para conseguirlo es la práctica de la concentración y meditación no-dual.

Todo lo que observamos en este mundo posee características o cualidades. La comprensión de aquello que tiene atributos depende intrínsecamente de la conciencia de lo que carece de ellos, como lo es la presencia del Testigo. Inicialmente, surge el conocimiento puro, sin atributos; luego, se manifiesta el conocimiento que incluye características.

Consideremos un ejemplo: estás esperando un autobús y de repente aparece uno en la distancia. Estás completamente alerta, pero no puedes distinguir aún si es el autobús que necesitas. En este estado, el Testigo está plenamente presente, sin la interferencia de pensamientos. A medida que el autobús se acerca, comienzas a distinguir detalles como el número o el color; en ese momento, entra en juego el Actor, y con él, una narrativa mental: aparecen pensamientos, emociones y recuerdos asociados a los atributos observados. Este fenómeno ocurre también con las personas, ya sean familiares, amigos o desconocidos que encontramos en el tren o el avión.

Cuando despojamos a las cosas de sus cualidades externas, lo que queda es su esencia desnuda, aquello que no tiene atributos. De este modo, vemos las cosas tal como son, sin la interferencia de nuestras interpretaciones. Por ejemplo, si eliminamos las etiquetas de "cadena", "sortija" o "medalla", lo que permanece es el oro. De igual forma, si quitamos los nombres de "jarra", "plato" o "botijo", lo que queda es la arcilla. Otros ejemplos pueden ilustrar esta misma idea: al trascender las formas y nombres, accedemos a la percepción pura y presente.

En este estado, solo el Testigo permanece activo y presente, pues el Actor desaparece junto con los atributos, cualidades o rasgos que proyectamos sobre las cosas. Este es precisamente el modo en que los meditadores experimentados contemplan el mundo: desde una perspectiva imparcial, neutral, en la que todo es visto sin juicio ni interpretación. Para mantener una mente sana, es esencial evitar el enredo mental, ya que representa una pérdida de tiempo y puede generar dependencia.

En esta imagen en blanco y negro, un hombre se encuentra bajo la ducha con expresión de angustia, mientras una mujer aparece reflejada en el espejo, seria y distante. La escena revela un momento íntimo y profundamente humano. El *Actor*, identificado con sus pensamientos y emociones, sufre; mientras que el *Testigo*, representado por el reflejo en el espejo, permanece en silencio, observando. En el baño, donde uno podría encontrar quietud, suele reinar la distracción: repasamos el pasado, proyectamos el futuro. La práctica de la no-dualidad invita a reconocer al Testigo en medio del ruido interno, incluso en lo cotidiano como ducharse.

Tenemos dos ejemplos que nos ayudan a reconocer cómo limitamos nuestra verdadera naturaleza y la percibimos erróneamente como algo limitado y separado. Este error no es más que una ilusión

La imagen de las **dos jarras**, una intacta y otra rota, simboliza la diferencia entre el **Actor** y el **Testigo** en la filosofía no-dual. La jarra **entera** representa al **Actor**, el yo condicionado que se percibe como separado del todo. Dentro de esta jarra, el espacio parece individual y confinado, al igual que la mente atrapada en sus creencias y emociones. En cambio, la **jarra rota** simboliza la liberación del **Testigo**, la consciencia pura que siempre ha estado presente. Al romperse, la separación entre el espacio interior y el exterior desaparece, revelando la unidad subyacente. Esta ruptura representa el colapso de la ilusión de la identidad fragmentada, mostrando que nunca hubo límites reales entre el ser y la totalidad.

Las paredes de la jarra son las creencias, los pensamientos y las emociones que construyen la idea de un "yo" separado. Mientras el **Actor** se aferra a esta estructura mental, el **Testigo** observa más allá de las limitaciones, reconociendo la verdad inmutable de la existencia. No hay dos espacios distintos, solo uno, indivisible y eterno. Así, la jarra rota simboliza la **disolución de la ilusión de separación**, permitiendo que la conciencia se reconozca a sí misma como lo que siempre ha sido: infinita, sin barreras, sin fronteras y completamente libre.

o ignorancia. Por ejemplo, no podemos afirmar que el espacio interior de una casa está realmente limitado por sus paredes exteriores. De manera similar, el espacio dentro de una jarra de arcilla no está confinado únicamente a sus bordes. Tanto la casa como la jarra existen dentro de un espacio más vasto, un espacio exterior que las contiene. De este modo, nada dentro de este espacio puede limitar al espacio infinito que está fuera.

METÁFORA DE LA JARRA

La jarra de arcilla representa al Actor, ese yo condicionado que cree estar separado del resto. El espacio dentro de la jarra parece confinado, limitado por sus paredes, mientras que el espacio exterior parece independiente. Sin embargo, al romper la jarra, el espacio interior y el exterior se revelan como un solo espacio indivisible; nunca estuvo separado.

Del mismo modo, el Testigo es como el espacio infinito (exterior) que abarca todo, mientras que el Actor es una ilusión de separación creada por la mente. Las paredes de la jarra son las creencias, pensamientos y emociones que aparentan dividirnos del todo. Pero al trascender estas barreras ilusorias, comprendemos que el Testigo siempre ha estado presente, libre y pleno, más allá de cualquier división interna externa.

Frente al *Guernica*, la imagen muestra dos maneras de percibir
la realidad: el Actor y el Testigo. Uno de los personajes, absorto en la
obra, representa al Testigo, quien observa sin juicio, libre del
condicionamiento mental. Su atención está plena en la pintura,
sin intermediarios conceptuales. En contraste, la otra persona, distraída,
encarna al Actor atrapado en la mente dual, inmersa en pensamientos
ajenos al momento presente. Vive en la separación, reaccionando desde
su identidad construida. Esta escena refleja cómo la mente dual fragmenta
la experiencia, mientras que la perspectiva no-dual del Testigo permite
una visión clara, donde el arte y el observador se funden en una misma
conciencia sin fronteras.
(No obstante, no todos los que miran un cuadro están atentos, ni todos
los que hablan por el móvil están distraídos o ausentes. La presencia no
depende de la acción externa, sino de la conciencia interna. La atención
no se define por lo que hacemos, sino por cómo lo hacemos. Alguien
puede estar frente a una obra de arte sin realmente verla (dualidad),
perdido en pensamientos, igual que alguien usando un móvil podría estar
profundamente presente en su conversación (no-dualidad). La no-dualidad
nos invita a trascender las apariencias y reconocer que la presencia es
una cualidad interna, independiente de la actividad externa. Es la
conciencia Testigo lo que determina si estamos realmente aquí y ahora).

4

Del pensamiento dual a la libertad no-dual

Este capítulo explora cómo el pensamiento dual, característico de la mente condicionada, genera sufrimiento y cómo la perspectiva no-dual del Testigo ofrece claridad, libertad y felicidad.

La ignorancia, entendida como la confusión sobre nuestra verdadera naturaleza, nos lleva a identificarnos con el Actor, definido por roles, pensamientos y emociones. Este condicionamiento es moldeado por experiencias, cultura y sociedad, creando un sentido de "yo" separado del mundo.

La mente interpreta la realidad basándose en experiencias previas y una lógica de opuestos. Esto refuerza la percepción de dualidad entre el "yo" y el "otro", generando una identidad construida en torno al tiempo, el esfuerzo y las expectativas. El pensamiento dual surge de esta identificación y se caracteriza por:

- **Identificación:** asociarse con roles y pensamientos como "soy esto" o "esto me pertenece".
- **Juicio:** clasificar las experiencias como buenas o malas, deseables o indeseables.
- **Reactividad:** responder automáticamente desde el apego y el condicionamiento.
- **Separación:** percepción del "yo" como opuesto al "otro", creando conflicto y fragmentación. El pensamiento dual organiza la experiencia cotidiana, pero también genera

sufrimiento al dividir la realidad en opuestos y reforzar un
sentido limitado de identidad.

En contraste, el pensamiento no-dual surge de la perspectiva
del Testigo, la conciencia pura que observa sin juzgar ni identificarse con lo que ocurre. El Testigo reconoce los pensamientos
como fenómenos transitorios dentro de un todo indivisible, sin
separarse de lo observado. Las características del pensamiento
no-dual incluyen:

- **Unidad:** percepción de la realidad como un todo conectado,
  sin distinción entre sujeto y objeto.
- **Desidentificación:** reconocer los pensamientos como eventos
  que van de paso, sin apego ni rechazo.
- **Presencia:** vivir arraigado en el ahora-atencional, sin la carga
  del pasado o la ansiedad del futuro.
- **Aceptación:** observar las experiencias sin juicio, con claridad y serenidad. El pensamiento no-dual no depende del
  esfuerzo, sino de una atención plena que se alinea con la
  comprensión de la unidad subyacente en toda experiencia.

El Actor vive identificado con el pensamiento dual y actúa desde
un sentido de separación, mientras que el Testigo observa tanto al
Actor como al pensamiento dual, sin involucrarse emocionalmente.
La integración de ambos permite que las acciones del Actor se guíen
por la claridad del Testigo, generando una vida más equilibrada y
libre de reactividad.

Esta integración no implica rechazar el pensamiento dual, sino
trascenderlo, reconociendo que ambas perspectivas son necesarias.
El pensamiento dual organiza nuestra funcionalidad en el mundo,
mientras que el pensamiento no-dual ofrece libertad y paz al desidentificarse del flujo de la mente.

Metáforas explicativas: se utilizan varias metáforas para ilustrar
la relación Actor-Testigo
1. El espejo: La conciencia es como un espejo que refleja
todo sin confundirse con las imágenes. Al reconocernos

como el espejo, dejamos de identificarnos con los reflejos y encontramos libertad.

2. **El teatro:** el Actor es el personaje en escena, inmerso en la obra, mientras que el Testigo es el espectador que observa desde el público con desapego.

3. **El cielo y las nubes:** el Actor es como las nubes que cambian constantemente, mientras que el Testigo es el espacio infinito (cielo) inmutable que permite su paso.

La imagen representa el poder de la atención sostenida continuamente en el presente, sobre todo, en actividades esenciales como la lectura, donde la mente se sumerge por completo en el contenido, desligándose del entorno. En la vida diaria, la atención es clave en el trabajo, el estudio y la toma de decisiones, diferenciando la distracción del enfoque profundo. Desde la perspectiva no-dual, el Actor se pierde en estímulos externos, mientras que el Testigo observa sin identificarse, permitiendo una presencia plena. Cultivar la atención nos conecta con el presente, disolviendo la fragmentación entre el observador y lo observado, integrando experiencia y conciencia en una unidad.

El pensamiento dual separa al "yo" del mundo, mientras que el pensamiento no-dual disuelve estas divisiones, revelando una conexión profunda con la totalidad de la existencia. Esta transformación comienza al reconocer si los pensamientos surgen del Actor o del Testigo. Al hacerlo, es posible soltar los apegos y condicionamientos que generan sufrimiento, experimentando una vida más auténtica y plena.

El proceso de surgimiento de los pensamientos se revela de la estimulación interna y externa. Los pensamientos surgen como respuestas a estímulos externos (como sonidos, imágenes o palabras) o internos (emociones, memorias o sensaciones físicas). En el Actor, estos estímulos generan cadenas de asociaciones mentales.

La atención es clave para distinguir entre la identificación del Actor y la claridad del Testigo. Esta atención-presencial permite actuar en el mundo con libertad, sabiendo que el verdadero ser no está limitado por roles o pensamientos. Desde esta perspectiva, las acciones surgen de manera espontánea y natural, guiadas por la presencia-Testigo consciente en lugar del condicionamiento.

La libertad no-dual no requiere esfuerzo, sino un reconocimiento de lo que ya somos: conciencia pura. La integración del Actor y el Testigo permite vivir plenamente, participando en el mundo desde la serenidad del Testigo. Al trascender la identificación con el pensamiento dual, descubrimos una paz y felicidad duradera y una conexión profunda con la realidad.

Vamos a ver un ejemplo como La meditación no dual se centra en la experiencia directa de la conciencia pura, reconociendo la unidad subyacente de todas las manifestaciones, deja de interesarse por los pensamientos. A continuación, se presenta una práctica meditativa que incorpora los conceptos de "Actor" y "Testigo" para facilitar esta comprensión:

Práctica de meditación no dual: integrando Actor y Testigo

- Encuentra un lugar tranquilo y adopta una postura cómoda, ya sea sentado en el suelo o en una silla, con la espalda recta y las manos descansando sobre las piernas.

La imagen representa a un hombre en profunda meditación, con los ojos cerrados y una postura estable, simbolizando la integración del Actor y el Testigo en la práctica no-dual. Su serenidad refleja el estado en el que la mente deja de identificarse con los pensamientos y se reconoce a sí misma como conciencia pura. En la meditación no-dual, el Actor es quien se ve envuelto en pensamientos y emociones, mientras que el Testigo simplemente observa sin identificarse. La práctica consiste en desplazar la atención de los contenidos mentales hacia la conciencia misma, permitiendo que la distinción entre Actor y Testigo se disuelva. Al sostener la presencia en la conciencia sin forma ni contenido, se experimenta la unidad subyacente de toda existencia.

- Cierra suavemente los ojos y sostén la atención en un presente continuo y estable.
- Permite que los pensamientos, emociones y sensaciones surjan sin juicio.
- Observa cómo la mente se identifica con estos contenidos, creando la sensación de un "yo" que experimenta.
- Reconoce que, aunque los pensamientos y emociones aparecen, hay una conciencia que los observa.

- Desplaza la atención de los contenidos mentales hacia la conciencia misma que ve los pensamientos.
- Dirige ahora la atención hacia la conciencia que está consciente de sí misma.
- Observa cómo la mente intenta identificar al "Testigo", pero reconoce que este Testigo es la conciencia misma, sin forma ni contenido.
- Permite que la distinción entre Actor y Testigo se disuelva, reconociendo que ambos son manifestaciones de la misma conciencia Testigo presencial.
- Mantén la atención en la conciencia pura y el conocimiento al conocedor, sin aferrarte a pensamientos o sensaciones.
- Antes de finalizar, dedica unos momentos a observar el estado de la mente. Abre lentamente los ojos, llevando contigo la sensación de presencia y unidad.

Esta práctica ayuda a disolver la identificación con el "Actor" y a reconocer la presencia del "Testigo" como la conciencia pura que observa sin identificarse con los pensamientos. Al integrar ambos aspectos, se facilita la experiencia directa de la no dualidad.

La imagen representa la esencia de las tradiciones orientales no-duales, vinculadas a la relación entre Actor y Testigo. En el Advaita Vedanta, Adi Shankara simboliza la autoindagación, donde el Actor, identificado con pensamientos y acciones, se disuelve al reconocer la conciencia única del Testigo. En el Taoísmo, el yin-yang y el agua fluyendo ilustran la armonía entre hacer y ser, reflejando que la dualidad es solo aparente. En el Zen, el monje en zazen (es la meditación sentada del Zen, enfocada en la atención plena y la observación sin juicio) representa la mente vacía, donde la observación pura trasciende la identificación con el Actor. Estas tradiciones muestran que la separación entre Actor y Testigo es ilusoria; ambos emergen de la misma conciencia, y su integración revela la unidad subyacente de toda existencia.

5

Actor y testigo un viaje a través de la historia

Este capítulo explora la relación entre Actor y Testigo a lo largo de diferentes tradiciones espirituales y filosóficas, destacando cómo estas corrientes han representado la interacción entre acción y contemplación, dualidad y unidad. La búsqueda histórica de equilibrio entre ambas dimensiones refleja un esfuerzo por trascender la separación aparente y comprender la interconexión subyacente de la existencia.

TRADICIONES ORIENTALES

Advaita Vedanta: el Advaita, una filosofía no-dual, sostiene que la dualidad entre Actor y Testigo es una ilusión. A través de la meditación, la autoindagación y la atención, esta tradición busca revelar la conciencia pura del Testigo. El Actor, identificado con pensamientos y emociones, se disuelve al comprender que tanto él como el Testigo emergen de una misma esencia. Este enfoque directo facilita la experiencia de unidad, donde ser y hacer se integran en una realidad unificada.

Las prácticas y enseñanzas de los famosos maestros advaitines **Jiddu Krishnamurti**, **Nisargadatta Maharaj** y **Ramana Maharshi** se alinean claramente con la no-dualidad. Sin embargo, cada uno abordó este enfoque desde perspectivas ligeramente distintas. Han influido profundamente en la enseñanza actual de la meditación no dual, cada uno aportando una perspectiva única.

Krishnamurti enseñaba que el Actor surge del condicionamiento psicológico, mientras el Testigo es la percepción libre del pasado y futuro. Al observar sin juzgar, uno se libera del ego, permitiendo que la atención pura revele la unidad entre observador y observado, disolviendo la dualidad. Su enfoque se centraba en la libertad psicológica a través de la comprensión directa, sin métodos ni gurús, resaltando que el Testigo emerge al percibir la vida.

Nisargadatta enfocaba su enseñanza en distinguir el Testigo eterno del Actor ilusorio. Consideraba al Actor como un fenómeno transitorio dentro de la conciencia. Invitaba a trascender la identificación con el cuerpo y mente, revelando al Testigo como el Ser absoluto, inmutable y siempre presente. Maharaj insistía en la autoafirmación de "Yo soy" como la llave para desmantelar la ilusión del Actor ya establecido.

Ramana guiaba hacia la autoindagación con la pregunta "¿Quién soy yo?", desmantelando al Actor como una construcción mental. Para él, el Testigo era el verdadero Yo, la conciencia pura. Al reconocer al Testigo, el Actor se disolvía, dejando solo la paz del Ser no-dual. Ramana enseñaba que al profundizar en el Ser, todas las acciones del Actor eran vistas como espontáneas manifestaciones del Testigo, trascendiendo así cualquier sentido de separación.

Zen: el Zen enfatiza la experiencia directa y la trascendencia de dualidades. Su práctica central, la "no-mente," invita a un estado de presencia pura donde el ego no interfiere. La realización del Satori, o despertar, implica disolver las distinciones entre observador y observado, integrando Actor y Testigo. Los koans, herramientas meditativas del Zen, desafían la lógica dualista y abren la puerta a la comprensión de la realidad como una totalidad indivisible.

Taoísmo: el Taoísmo propone conceptos como **Wu Wei** (acción sin esfuerzo) y **Ziran** (ser natural), que reflejan la integración entre Actor y Testigo. Wu Wei no implica inacción, sino una armonía espontánea con

Vemos a Jiddu Krishnamurti como figura principal, uno de los grandes pensadores de la no-dualidad, enseñó la importancia de la observación directa sin autoridad ni dogmas. Viajó por el mundo dando conferencias en parques y auditorios, guiando a sus oyentes hacia la liberación del pensamiento condicionado. Rechazaba cualquier sistema de creencias y enfatizaba la atención plena, el cuestionamiento profundo y la comprensión del presente sin identificarse con el pasado ni con el ego.
Nisargadatta Maharaj, por su parte, enseñaba en su modesta habitación en Bombay, utilizando un enfoque directo y contundente basado en la autoindagación. Su mensaje era claro: "Tú no eres el cuerpo ni la mente, eres la conciencia pura". Ramana Maharshi, en Arunachala, transmitía la realización del Ser a través del silencio y la autoindagación con la pregunta "¿Quién soy yo?". Sus enseñanzas apuntaban a disolver la ilusión del ego y reconocer que solo existe la conciencia impersonal y eterna.

el flujo del Tao, similar a cómo el Actor actúa desde la conciencia del Testigo. La relación entre Yin y Yang ilustra cómo los opuestos aparentes forman una unidad inseparable, reflejando la complementariedad entre Actor y Testigo.

Tradiciones occidentales de la antigüedad griega y filosofía moderna:

Filosofía griega: aunque no desarrollaron explícitamente la no-dualidad, los pensadores griegos abordaron conceptos relacionados con Actor y Testigo:

- **Platón:** su teoría de las Formas distingue entre el mundo material (Actor) y un reino trascendente (Testigo), donde reside la verdadera realidad.
- **Aristóteles:** introduce la entelequia, la realización plena de la naturaleza esencial, que conecta al Actor con un propósito guiado por la conciencia observadora.
- **Heráclito:** Su concepto del Logos unifica los opuestos y refleja la conexión entre Actor y Testigo.
- **Plotino:** explora la emanación de lo Uno hacia la multiplicidad, describiendo un viaje de retorno del Actor al Testigo.
- **Parménides:** plantea la unidad indivisible del Ser, desafiando la percepción de dualidad.

Estoicismo: los estoicos, como Epicteto, promovieron la virtud y el desapego a través de la aceptación del destino y la armonía con el Logos universal. Su concepto de **hegemonikon** (observador interno) refleja la función del Testigo, que observa sin identificarse con las emociones del Actor.

Este principio resuena con la no-dualidad, pues invita a la introspección profunda. En la visión no-dual, el **Actor** se identifica con el cuerpo y la mente, mientras que el **Testigo** es la conciencia pura. Conocerse realmente es reconocer que la identidad individual es solo una ilusión y que la verdadera naturaleza es la conciencia universal.

Oráculo de Delfos: la máxima "Conócete a ti mismo" conecta con la introspección que lleva al reconocimiento del Testigo como la verdadera naturaleza del Ser.

FILOSOFÍA OCCIDENTAL MODERNA

Immanuel Kant: Kant distingue entre el fenómeno (experiencia sensorial) y el noúmeno (realidad en sí misma), una separación que refleja

El **Oráculo de Delfos** era el centro espiritual de la Antigua Grecia, donde la sacerdotisa **Pythia**, en estado de trance, transmitía mensajes de los dioses. En la entrada del templo de Apolo se encontraba la inscripción "Γνῶθι Σεαυτόν», que significa "**Conócete a ti mismo**"

la relación entre Actor y Testigo. Su idea del yo trascendental, que estructura la experiencia sin participar en ella, se asemeja al Testigo.

Edmund Husserl: en su fenomenología, Husserl propone la suspensión de juicios para acceder a la conciencia pura, alineándose con el concepto del Testigo que observa sin filtros.

Friedrich Nietzsche: su idea del **Übermensch** (superhombre) como creador de su propia realidad resuena con un Actor consciente que actúa desde una perspectiva más elevada, integrada con el Testigo.

Jean-Paul Sartre: Sartre distingue entre el ser-en-sí y el ser-para-sí, donde la conciencia reflexiva se asemeja al Testigo, que observa las acciones del Actor sin identificarse con ellas.

Martin Heidegger: el concepto de **Dasein** (ser-en-el-mundo) describe al Actor comprometido con la existencia, mientras que la autenticidad implica una conciencia similar al Testigo.

Carl Jung: Jung diferencia entre el yo consciente (Actor) y el sí-mismo, que abarca tanto lo consciente como lo inconsciente colectivo, reflejando la totalidad del Testigo.

CIENCIA Y ESPIRITUALIDAD CONTEMPORÁNEA

Psicoanálisis: Sigmund Freud describe una estructura psíquica formada por el ello, el yo y el superyó. El superyó, como observador interno, tiene similitudes con el Testigo que guía al Actor.

Neurociencia: la conciencia metacognitiva, o la capacidad de observar los propios pensamientos, puede interpretarse como una manifestación del Testigo desde una perspectiva científica.

Física cuántica: la teoría del observador en la física cuántica, donde el acto de observar influye en el colapso de la función de onda, ofrece una metáfora para la interacción entre Actor y Testigo.

Literatura existencialista: obras de Dostoyevski y Kafka exploran la lucha interna entre identidad (Actor) y contemplación (Testigo), reflejando la búsqueda de significado en un mundo dual.

SUFISMO Y OTRAS TRADICIONES ESPIRITUALES

Sufismo: el sufismo enfatiza la presencia consciente a través del concepto de **Shahid** (Testigo) y prácticas que buscan experimentar la realidad divina. El proceso de **Fanaa** (aniquilación del ego) y **Baqaa** (subsistencia en la conciencia divina) refleja la disolución del Actor en el Testigo.

Luz como símbolo del Testigo: en muchas tradiciones, la luz simboliza la conciencia que ilumina las experiencias del Actor, unificando ser y hacer en una sola realidad.

El sufismo es la rama mística del islam, enfocada en la experiencia
directa de lo divino a través de la devoción y la meditación. Su origen
se remonta a figuras como Rumi y Al-Ghazali, aunque su fundador más
reconocido es Junayd de Bagdad, quien enfatizó la unión con Dios
mediante la purificación del ego. En la no-dualidad, el Actor representa
el yo ilusorio atrapado en el mundo, mientras que el Testigo es la
conciencia pura que observa sin apego. La danza de los derviches
simboliza este viaje: el abandono del ego (Actor) y la entrega total al Uno
(Testigo).

A lo largo de la historia, diversas tradiciones y filosofías han
explorado la interacción entre Actor y Testigo, destacando su unidad subyacente. Ya sea a través de prácticas como la meditación, la
autoindagación o la aceptación del destino, estas enseñanzas convergen en la idea de que la verdadera realización surge al trascender la
dualidad aparente. Integrar al Actor y al Testigo no implica rechazar
ninguno, sino vivir plenamente en el mundo mientras se mantiene
una conexión profunda con la conciencia que lo observa todo.

Este capítulo resalta cómo la humanidad ha buscado comprender y equilibrar estas dos dimensiones, utilizando diversos enfoques culturales, filosóficos, espirituales y científicos para revelar la unidad inherente de la existencia.

La imagen representa los ciclos universales de creación, transformación
y evolución, reflejando tanto el desarrollo biológico como el despertar
espiritual. Desde las formas de vida más simples hasta los seres más
complejos, cada etapa simboliza el flujo eterno del cambio. En la no-dualidad, el Actor experimenta estos ciclos identificándose con el tiempo y
el devenir, mientras que el Testigo observa sin apego, reconociendo la
unidad subyacente. La evolución no es solo física, sino también de la
conciencia, donde el Actor se disuelve en el Testigo, comprendiendo que
el movimiento y la quietud son expresiones de la misma realidad infinita.

6

Ciclos universales desde la conciencia testigo-actor

Los ciclos universales reflejan el flujo constante entre creación, transformación y renacimiento, presentes tanto en la evolución de las especies como en la dinámica entre el Actor y la Conciencia Testigo. Desde el caos inicial hasta el despertar consciente, cada etapa es una expresión del equilibrio universal. La evolución no es solo biológica, sino también espiritual, donde el Actor experimenta los ciclos de la vida mientras el Testigo observa, revelando que todo movimiento es parte de un flujo eterno.

Por ejemplo, la evolución de las especies y la Conciencia Testigo pueden relacionarse desde diferentes perspectivas, dependiendo del enfoque que se le dé.

Desde una perspectiva no-dual, toda la evolución —desde los organismos unicelulares hasta los seres humanos— ocurre dentro del marco o el contenedor de la conciencia. La conciencia-Testigo no está sujeta al cambio, al tiempo o a la evolución; simplemente percibe el desarrollo del cuerpo y la mente en el tiempo. La evolución bioló-gica puede verse como una manifestación del juego de la dualidad, mientras que la conciencia Testigo permanece inmutable y eterna.

La evolución de las especies a menudo se percibe desde la identifi-cación con el Actor, es decir, el cuerpo y la mente. El Actor se ve a sí mismo como parte de un proceso evolutivo lineal, condicionado por el tiempo y el espacio. En cambio, desde la perspectiva del Testigo, la evolución es simplemente un fenómeno que ocurre dentro de la conciencia, pero no la afecta ni la limita.

La evolución de la vida a la muerte: la transición de la vida a la muerte forma parte del ciclo de la dualidad. Para el Actor, es un final cargado de temor e incertidumbre; para la conciencia Testigo, es una experiencia más que surge y desaparece en el campo de percepción. Vida y muerte no son opuestos, sino expresiones del mismo flujo. La evolución física-mental podría interpretarse como un proceso hacia el reconocimiento del Testigo. Esto integra ciencia y espiritualidad, mostrando la vida y la muerte como partes de un todo observado desde el Testigo.

Son procesos reales y significativos, pero para el Testigo son apariencias que emergen y desaparecen en el flujo de la dualidad. La evolución humana puede verse como un avance hacia el reconocimiento del Testigo, que trasciende mente, cuerpo y mundo objetivo. Al integrar ciencia y espiritualidad, la existencia se comprende como un todo mayor, percibido sin impacto en la esencia inmutable del Testigo.

Física cuántica: la física cuántica plantea que la realidad no es objetiva, sino que depende del observador. Conceptos como el colapso de la función de onda y el principio de incertidumbre de Heisenberg sugieren que la observación afecta al sistema observado. La conciencia-Testigo se puede interpretar como el "observador último", que da lugar a la manifestación de la realidad sin involucrarse en ella.

Psicología Transpersonal: esta rama de la psicología explora estados de conciencia más allá del ego, incluyendo experiencias de unidad, trascendencia y conexión con una realidad mayor. La conciencia Testigo se relaciona con los estados no duales descritos en las experiencias transpersonales, donde el "yo separado" se disuelve. Ejemplo: los modelos de Maslow y Wilber incluyen la trascendencia del ego como el estado más elevado de desarrollo humano.

Neurociencia de la conciencia: la neurociencia investiga cómo surge la conciencia a partir de la actividad cerebral, explorando teorías

Esta imagen representa la interacción entre física cuántica y no-dualidad, mostrando cómo la observación define la realidad. En mecánica cuántica, el colapso de la función de onda indica que una partícula existe en múltiples estados hasta ser observada. De manera similar, en la no-dualidad, la conciencia-Testigo observa sin identificarse, permitiendo que la realidad se manifieste por si sola. El Actor se involucra con lo observado, mientras que el Testigo permanece libre de toda influencia interna y externa, reconociendo que la percepción moldea la experiencia. Así, la física cuántica y la no-dualidad coinciden en que el observador y lo observado no están separados, sino interconectados.

como la integración de información o los patrones neuronales globales. Aunque estas teorías no explican la conciencia Testigo como tal, cuestionan si la conciencia es una propiedad emergente del cerebro o algo fundamental, como sugiere el Advaita Vedanta. Ejemplo: la teoría de Giulio Tononi (teoría de la información integrada) explora la conciencia como una propiedad integral que no puede dividirse.

Filosofía del idealismo: según el idealismo filosófico, la realidad externa es una construcción de la mente o la conciencia, y no existe de forma independiente. La conciencia Testigo es la realidad última

La imagen representa a Buda en profunda meditación, emergiendo
de la oscuridad, simbolizando la relación entre el Actor y el Testigo en la
no-dualidad. En ciertas tradiciones budistas, especialmente el Dzogchen y el
Zen, la realidad última es vista como vacío luminoso, donde la mente no
tiene existencia inherente. El Actor se identifica con el mundo cambiante,
atrapado en el sufrimiento del ego, mientras que el Testigo es la conciencia pura que observa sin apego. Al reconocer esta presencia, se trasciende
la dualidad, entendiendo que la naturaleza del Ser es claridad, luz y vacío
inseparables, más allá de todo concepto o identificación.

que da lugar a todas las percepciones y fenómenos. Ejemplo: en el
idealismo de Berkeley, "ser es ser percibido", lo que se alinea con la
noción de que todo ocurre dentro de la conciencia.

Desde la no-dualidad, para que la conciencie **"SEA"**, debe percibirse a sí misma, ya que no hay nada fuera de ella. Esta percepción no
es dual, como la del Actor que percibe objetos externos. El Testigo
no sólo observa el mundo, sino que también se revela a sí mismo.
Así, **"ser es ser percibido"** puede reinterpretarse como: la conciencia

Testigo existe al ser consciente de su propia naturaleza, donde el perceptor y lo percibido no están separados.

Lo mismo que la palabra **"SERSE"** pasa por un proceso de autoconocimiento. Para meditar el **SER** precisa mirarse a sí mismo. Esto no significa que el **SER** no sepa quién es, siempre es pleno y completo en su esencia. Para reconocer su verdadera naturaleza, hay un proceso de descubrimiento en el que la conciencia se desvincula de las identificaciones con el ego, el cuerpo, la mente y el mundo objetivo. Es un volver a casa, reconocerse, al mismo Testigo que siempre ha estado presente.

Budismo y teoría del vacío: la relación con la no-dualidad, el budismo enseña que todas las cosas carecen de existencia inherente y que la realidad última es vacuidad o vacío. El paralelismo con la conciencia Testigo se relaciona con el concepto de **Rigpa** (la naturaleza primordial de la mente) o el vacío que lo contiene todo. Ejemplo: en el Dzogchen, la atención plena es una forma de conectarse con el Testigo. El Dzogchen, o "Gran Perfección", enseña que la realidad última es la naturaleza pura y luminosa de la mente, libre de constructos duales. No busca transformar, sino reconocer directamente el estado natural, la **Rigpa**, que es claridad y vacío inseparables. En este reconocimiento, el Testigo observa sin esfuerzo su propia inmutabilidad.

Inteligencia artificial y filosofía de la mente: la relación de la filosofía de la mente y la IA intentan comprender si una máquina podría tener conciencia o si esta es única de los seres vivos. Esto cuestiona la relación entre el Actor (la mente programada) y el Testigo (la conciencia pura) en el contexto humano y no humano. Ejemplo: las discusiones sobre el "problema difícil de la conciencia" (David Chalmers) tratan de explicar cómo surge la experiencia subjetiva. El "problema difícil de la conciencia", planteado por David Chalmers, cuestiona cómo procesos físicos (Actor) en el cerebro generan experiencias subjetivas, como emociones, sensaciones o percepciones conscientes.

La Conciencia Testigo encuentra resonancia con múltiples teorías, ya que toca aspectos fundamentales de la realidad, la mente y la existencia. Al integrarse con estas disciplinas, se puede profundizar en la comprensión de la naturaleza última del ser y su relación con el universo. Esto no solo amplía la perspectiva espiritual, sino que también conecta la espiritualidad con la ciencia y la filosofía modernas.

Por otro lado, la conciencia Testigo y el Actor pueden relacionarse con diversas disciplinas cíclicas, aquellas que entienden la realidad como un flujo recurrente, de ciclos naturales, cósmicos, psicológicos o sociales. Desde una perspectiva no-dual, estos ciclos se reconocen como manifestaciones del juego de la dualidad, mientras que la conciencia Testigo trasciende el ciclo mismo, observándolo desde un espacio de plenitud. A continuación, exploramos algunas de estas relaciones de manera profunda y creativa:

Cosmología y ciclos cósmicos: la relación cíclica en muchas tradiciones, como la india (ciclos de **yugas**) o la teoría moderna del universo oscilante, se entiende que el cosmos tiene fases de expansión, estabilidad, contracción y reinicio. El Testigo es el trasfondo eterno e inmutable que presencia estos ciclos. Desde esta perspectiva, el Actor se identifica con las etapas del cambio (nacimiento, crecimiento, muerte), mientras que el Testigo observa la danza cíclica sin ser afectado. Los ciclos son ilusorios en esencia; aunque parecen repetirse en el tiempo, son expresiones momentáneas dentro de la conciencia infinita. Ejemplo: visualiza al Actor como un río que fluye por estaciones cíclicas (primavera, verano, otoño, invierno), mientras que el Testigo es el océano eterno donde el río termina y comienza.

Mitología y ciclos arquetípicos: los arquetipos de muerte y renacimiento, como el mito de Osiris e Isis en Egipto o el ciclo de Krishna en el Bhagavad Gita, representan la renovación constante de la vida. Los mitos son vistos como narrativas simbólicas del Actor que busca un sentido o propósito. El Testigo, sin embargo, trasciende el drama arquetípico, reconociendo que tanto la creación como la destrucción ocurren dentro del espacio inmutable de la conciencia. El héroe y su viaje (Actor) se disuelven cuando se da cuenta que no hay "otro" que rescatar o vencer; todo está contenido en la totalidad no-dual.

Ejemplo: piensa en el Actor como el personaje de un mito, buscando completar un ciclo (derrotar un dragón), y el Testigo como el narrador silencioso que observa cómo el mito se despliega y desaparece.

La imagen simboliza el proceso de transformación personal en la psicología y la espiritualidad, reflejado en la metamorfosis de la mariposa. Cada etapa—huevo, oruga, capullo y mariposa—representa los cambios que el Actor atraviesa en su evolución. Estas crisis y transiciones parecen reales para la mente identificada con el cambio. Sin embargo, el Testigo, representado por el cielo inmóvil en el fondo, observa todo sin verse afectado. En la no-dualidad, la meditación ayuda a reconocer esta perspectiva: los pensamientos y emociones fluctúan, pero la conciencia pura permanece inmutable. Al cultivar la atención presencial, se trasciende la ilusión del yo y se experimenta la unidad entre ser y transformación.

Psicología: ciclos de transformación personal: la Relación cíclica de la psicología del desarrollo humano (como los ciclos de crisis de Erik Erikson) y los modelos de transformación espiritual (por ejemplo, la noche oscura del alma) describen procesos cíclicos de crecimiento y renovación. Mientras el Actor transita el ciclo, enfrentando sus sombras y resistencias, el Testigo permanece como el fondo sereno en el que los estados mentales surgen y se disuelven. Las crisis psicológicas son vistas como ilusiones del Actor, mientras que el Testigo revela que no hay "yo" separado que experimenta transformación alguna. Ejemplo: imagina al Actor como una mariposa atravesando ciclos de metamorfosis (huevo, oruga, capullo), mientras el Testigo es el espacio o cielo que contiene todo el proceso sin ser tocado por él.

Agricultura y ritmos naturales: la relación cíclica de las culturas agrícolas tradicionales reconocen los ciclos de siembra, crecimiento, cosecha y descanso. Aquí el Actor se identifica con las estaciones, celebrando las ganancias y lamentando las pérdidas. El Testigo, en cambio, observa que no hay separación entre las semillas, el fruto y la tierra; todo ocurre en el mismo campo de la conciencia. La aparente dualidad entre vida y muerte desaparece cuando se comprende que el proceso de florecer y marchitarse es solo una manifestación o expresión, como una danza que no afecta el suelo que la sustenta. Ejemplo: piensa en el Actor como el agricultor que trabaja la tierra, y en el Testigo como la tierra misma, que no necesita hacer nada, pero permite todo.

Economía: ciclos de abundancia y escasez: la relación de la economía está marcada por ciclos de auge y recesión, reflejando la naturaleza impermanente del valor material. Mientras el Actor se identifica con la abundancia o la escasez (alegría y tristeza) ganancia o pérdida, el Testigo observa que las fluctuaciones son simples patrones que no afectan la verdadera riqueza, que es la misma conciencia Testigo. La dependencia y el apego al éxito o al fracaso se disuelve cuando se comprende que ambos son manifestaciones transitorias (Actor) dentro del mismo flujo. Ejemplo: imagina al Actor como un comerciante que celebra las ganancias y teme las pérdidas, y al Testigo como el océano donde las olas (riqueza y pobreza) se alzan y desaparecen sin inmutarse.

Medicina tradicional y ciclos de salud: la relación cíclica de las medicinas tradicionales con la no-dualidad, como la ayurvédica o la

The Actor's idoctiation with Adunte...
The Ever-pressent awareness beyond physical transfuation
— THE TESTIGO

La imagen representa el ciclo de la vida y la salud a través del árbol en transformación, perdiendo hojas en otoño y floreciendo en primavera. Simboliza al Actor, quien se identifica con los cambios del cuerpo, la mente y las emociones, sufriendo con la enfermedad y aferrándose a la salud. El espacio inmutable que rodea al árbol representa al Testigo, la conciencia pura que observa sin identificarse con las fluctuaciones de la existencia. La meditación no-dual es esencial para reconocer esta perspectiva, permitiendo ver que la salud y la enfermedad son expresiones de un mismo flujo natural. A través de la atención en el día a día, se trasciende la identificación con los estados temporales, cultivando una presencia serena que abraza cada momento sin apego ni resistencia.

china, comprenden la salud como un equilibrio cíclico entre fuerzas opuestas (doshas o yin-yang). El Actor se identifica con el cuerpo-mente-emociones y su salud o enfermedad, mientras que el Testigo reconoce que el cuerpo-mente es un fenómeno pasajero dentro de la conciencia, siempre cambiante pero nunca fijo. La separación entre salud y enfermedad desaparece cuando se comprende que ambas son expresiones de la misma totalidad, el Testigo que simplemente mira desde el presente sin intervenir. Ejemplo: visualiza al Actor como un árbol que pierde hojas en otoño y florece en primavera, y al Testigo como el espacio o aire que lo rodea, inmutable ante los cambios.

Religión: ciclos de creación, mantenimiento y destrucción: la relación cíclica de muchas tradiciones religiosas, como el hinduismo, enseñan que el universo pasa por ciclos de creación (Brahma), mantenimiento (Vishnu) y destrucción (Shiva). Desde el punto de vista del Testigo, estas fases son ilusiones dentro de la misma danza divina; no hay ni principio ni fin. No-dualidad: la tríada creador-conservador-destructor se unifica en la comprensión de que no hay separación entre las tres fases, solo el trasfondo eterno. Ejemplo: piensa en el Actor como una llama que arde y se apaga, mientras el Testigo es el espacio infinito donde aparece la llama.

Astronomía: ciclos planetarios y universales: los movimientos planetarios (órbitas, eclipses) y los ciclos cósmicos (como los años galácticos) reflejan el flujo cíclico del universo. El Actor observa estos ciclos desde la perspectiva de tiempo y espacio, mientras que el Testigo y que estos patrones ocurren en el vasto escenario de la conciencia infinita sin espacio-tiempo. Tiempo y espacio son ilusorios desde la perspectiva no-dual; los ciclos cósmicos son como sueños que surgen en la mente universal. Imagina al Actor como un planeta que gira alrededor de una estrella, y al Testigo como el cielo infinito que contiene todo el movimiento.

Sí, la conciencia Testigo carece de espacio y tiempo, porque no está condicionada por las dimensiones que definen el mundo fenoménico. En la perspectiva de la no-dualidad, el espacio y el tiempo son construcciones mentales que aparecen dentro del campo de la conciencia, pero no limitan al Testigo.

Esto hay que tenerlo muy claro, el cuerpo y el mundo aparecen "dentro" de la conciencia, pero la conciencia no está contenida en ellos. La conciencia Testigo no está sujeta al pasado, presente o futuro; simplemente observa cómo el tiempo parece transcurrir en el ámbito de la dualidad. Mientras el mundo fenoménico cambia y fluye, el

La imagen refleja la relación entre los ciclos cósmicos y la no-dualidad, alineándose con los conceptos de El Doble Espejo: Testigo y Actor. El planeta en órbita representa al Actor, atrapado en el flujo del tiempo y el espacio, observando los movimientos celestes como si fueran realidades absolutas. Sin embargo, el cielo infinito simboliza al Testigo, la conciencia inmutable que contiene estos ciclos sin identificarse con ellos. Desde la perspectiva no-dual, los ciclos del universo son fenómenos transitorios dentro de una conciencia sin límites. Así como los astros giran sin alterar el espacio que los sostiene, los pensamientos y experiencias surgen y desaparecen en la mente o conciencia universal sin afectar la presencia del Testigo.

Testigo permanece como el trasfondo inmóvil y sin forma. Decir que el Testigo es "simplemente el perceptor" puede ser correcto, pero va más allá: no solo percibe, sino que es el espacio mismo en el que todas las percepciones surgen y desaparecen. Es la esencia misma de la presencia, anterior y posterior a cualquier fenómeno que pueda percibirse.

Desde el punto de vista no-dual, todos los ciclos representan manifestaciones ilusorias dentro del marco del Actor, quien vive atrapado en la dualidad. La conciencia Testigo, en cambio, trasciende los ciclos, observándolos como expresiones efímeras de una realidad que no tiene principio ni fin. Esta integración de disciplinas cíclicas con la no-dualidad permite ver cómo todo en la existencia relativa sigue patrones, pero siempre desde un trasfondo de inmutabilidad.

Escaladores unidos por cuerdas, avanzando con concentración
y precisión en una montaña desafiante. La escalada exige atención sostenida,
ya que cada paso requiere enfoque total, coordinación y confianza en el
equipo. Desde la perspectiva dualista, el Actor se identifica con la acción,
el esfuerzo físico y la superación personal. Sin embargo, en la visión
no-dualista, el Testigo observa sin apego, reconociendo que la escalada
y el escalador surgen dentro de una misma conciencia. Al igual que las
tradiciones de Oriente y Occidente exploran lo individual y lo universal,
esta imagen simboliza la unidad entre el esfuerzo personal y la conexión
con el todo, donde cada escalador es parte de un mismo proceso de
ascenso y realización.

7

Dos caminos, una sola realidad única

Este capítulo examina las perspectivas dualistas y no-dualistas que han predominado en Occidente y Oriente, resaltando cómo cada una aborda la relación entre Actor y Testigo. Estas perspectivas, aunque distintas, convergen en la posibilidad de integrar una conciencia que abarque tanto la individualidad como la universalidad.

Occidente: En la tradición occidental, influenciada por Platón y formalizada por Descartes, predomina una visión dualista que separa mente y cuerpo, sujeto y objeto, bueno y malo. Esta perspectiva enfatiza la existencia de un "yo" pensante (Actor) que observa y actúa en un mundo físico externo. La dualidad fragmenta la realidad en opuestos, llevando al Actor a categorizar fenómenos y buscar sentido a través del contraste. Esto alimenta una percepción irreal de separación entre el "yo" y los demás, generando insatisfacción y apego a lo transitorio.

Oriente: en contraste, las tradiciones orientales como el Advaita Vedanta, el budismo Mahayana **y el taoísmo promueven una perspectiva no-dual, en la que no existe una separación real entre el individuo y el universo.**

El Actor percibe el mundo como real porque vive desde la separación entre observador y observado. Sin embargo, el Testigo, la conciencia que todo ilumina, sabe que los objetos son apariencias pasajeras. Así como un sueño parece real hasta que despertamos, lo transitorio es ilusorio. Solo el Testigo es permanente, sin cambios, y se expresa a través de la atención-presencial, mostrando la verdadera esencia del Ser.

Por otro lado, el acto de percibir el mundo no prueba que los objetos tengan una existencia independiente; son como imágenes reflejadas en un espejo, cuya realidad depende de la percepción. Para el Actor, el mundo parece sólido y separado, pero el Testigo sabe que todo lo que cambia es irreal y transitorio. Así como confundir una soga con una serpiente causa error, creer en la realidad absoluta de lo percibido nos confunde. Solo la conciencia Testigo, que ilumina todo con su atención-conocimiento, es inmutable y real. Lo que permanece sin alterarse, como el Testigo, trasciende el tiempo, siendo igual antes, ahora y siempre.

Según estas filosofías:

- El "yo" no es una entidad separada, sino una manifestación de una realidad mayor única o conciencia pura.
- La vida no es un conjunto de fragmentos, sino un flujo continuo e indivisible donde los opuestos se disuelven en una unidad subyacente.
- La conciencia del Testigo permite experimentar la realidad como un todo integrado, libre de juicios y dualidades.
- Todo lo que cambia es transitorio e ilusorio; solo lo que permanece sin alterarse es real.
- El cuerpo, los sentidos, el mundo y los pensamientos son experimentados a través del Testigo, esa conciencia pura que observa sin involucrarse. El Testigo, como esencia de la atención, no puede ser percibido ni definido por nada externo; únicamente se conoce a sí mismo. Es el fundamento Inalterable que ilumina todo lo que aparece y desaparece.

Textos fundamentales del Advaita: tres obras clave del Advaita Vedanta ofrecen herramientas filosóficas y prácticas para trascender la dualidad y reconocer la unidad entre Actor y Testigo:

1. **Drig Drishya Viveka (el discernimiento entre el vidente y lo visto):** Este texto enseña a diferenciar entre el Testigo inmutable y los fenómenos transitorios del mundo y la mente. A través de la observación y el discernimiento, el buscador puede experimentar la conciencia pura que permanece detrás de toda percepción.

2. **Tattva Bodha (la esencia de la realidad):** Explica la naturaleza de la realidad y la relación entre individuo y universo. Este texto introduce al buscador al verdadero Yo, separado de las identidades temporales del Actor. La autoindagación disuelve las ilusiones de separación, revelando al Testigo como la esencia del ser.

3. **Vivekacūḍāmaṇi (la joya suprema del discernimiento):** Considerado un texto avanzado, profundiza en el discernimiento como medio para trascender el apego al cuerpo y la mente. Enseña que el Actor es una manifestación pasajera, mientras que el Testigo es la conciencia eterna. Este proceso lleva a experimentar la unidad esencial del ser, libre de divisiones.

DUALIDAD Y SUS EFECTOS EN LA PERCEPCIÓN

La dualidad categoriza el mundo en opuestos como bueno y malo, éxito y fracaso, separando nuestra experiencia en fragmentos. Esto genera insatisfacción, deseos insaciables y sufrimiento, al enfocarnos en alcanzar lo deseado y evitar lo temido. Sin embargo, la conciencia del Testigo permite observar estas experiencias sin quedar atrapados en ellas, viviendo la alegría sin apego y la tristeza sin sucumbir. Este enfoque trasciende la dualidad, revelando una realidad indivisible en la que todos los opuestos son manifestaciones de una misma esencia.

Nuestra percepción opera en diferentes niveles: el Actor fragmenta la experiencia en opuestos, reaccionando automáticamente y generando apego al cuerpo y la mente. El Testigo observa desde una conciencia pura, sin identificarse con los pensamientos ni las emociones. El proceso de atención consciente permite transitar desde la percepción fragmentada del Actor hacia la unidad del

Corredores de fondo en plena carrera, la imagen representa la dualidad entre el esfuerzo del Actor y la conciencia del Testigo. La imagen muestra su concentración y control corporal, quien observa sin apego al movimiento ni a la competencia. La meditación permite desarrollar una atención concentrada que trasciende la percepción fragmentada de la realidad. Cuando la mente está atrapada en juicios de éxito y fracaso, se genera apego y sufrimiento (imagínate un corredor d ciclista en plena carrera pensando en las vacaciones). A través de la práctica meditativa, es posible observar estos pensamientos sin quedar identificados con ellos, cultivando una percepción más clara y libre de reacciones automáticas. Al sostener la atención en el momento presente, se reconoce que cuerpo y mente son experiencias pasajeras dentro de una realidad más amplia. En la quietud de la meditación, la mente deja de resistirse a lo que es, permitiendo el reconocimiento de una presencia estable y atemporal que observa sin apego, revelando una profunda sensación de paz.

Testigo. Esto implica desarrollar la capacidad de percibir nuestras emociones y pensamientos con desapego y claridad.

El Actor, identificado con el cuerpo, ve el envejecimiento, las sensaciones físicas y las dolencias como aspectos definitorios de su identidad. Este apego genera sufrimiento al depender de lo transitorio para encontrar seguridad y significado. En cambio, la conciencia Testigo reconoce que el cuerpo y la mente son manifestaciones pasajeras, no el verdadero Ser. Esta comprensión disuelve la ilusión de separación y revela la interconexión con todo, permitiendo experimentar compasión, desapego y paz.

La práctica del Testigo. Cultivar la presencia del Testigo implica:

1. Atención plena: Observar pensamientos y emociones sin reaccionar automáticamente.
2. Discernimiento: Distinguir entre lo transitorio del Actor y la estabilidad del Testigo.
3. Autoindagación: Cuestionar la identidad personal y conectar con la conciencia pura. Con la práctica, la atención sostenida permite anclarse en el momento presente, fortaleciendo la presencia del Testigo y trascendiendo las fluctuaciones de la mente.

Un puente entre Oriente y Occidente: aunque las perspectivas dualista y no-dualista parecen opuestas, son complementarias. En Occidente, la conciencia se entiende en relación con un "yo" individual que actúa en el mundo y los objetos.

En Oriente, la conciencia se experimenta como un "Yo" universal que abarca todas las experiencias sin identificarse con ninguna. Al integrar ambas visiones, se revela que Actor y Testigo no son entidades separadas, sino expresiones de una misma realidad indivisible.

Esto significa que la verdadera realización surge al reconocer la unidad entre Actor y Testigo. Mientras el Actor vive y actúa en el mundo, el Testigo observa desde una conciencia plena y desapegada. El cultivo de esta integración permite trascender la dualidad y experimentar una vida más consciente, equilibrada y conectada con la esencia universal del Ser.

Por otro lado, Desde la perspectiva no-dual de Testigo y Actor, cuando surge una idea creativa o una solución a un problema durante la meditación, ¿de dónde proviene? ¿Es un producto de la mente-intelecto-reflexión o una manifestación de la sabiduría de la verdadera conciencia Testigo presencial?

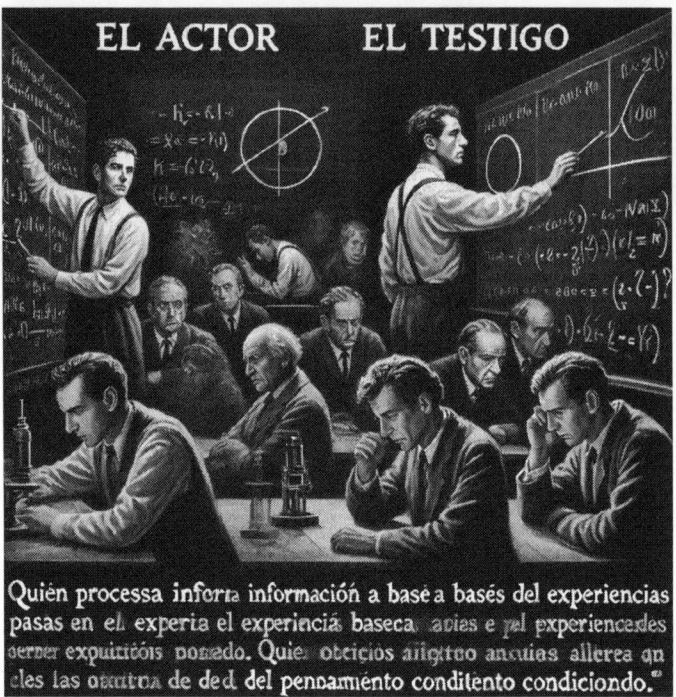

El ser humano enfrenta constantemente problemas que requieren soluciones creativas y precisas, como los cálculos complejos de la física. En estos momentos, la mente opera en dos niveles: el Actor, que procesa datos mediante la lógica y el intelecto condicionado, y el Testigo, que observa en silencio. Cuando la mente pensante se agota en su esfuerzo analítico, ocurre un salto intuitivo. Sin darnos cuenta, el Testigo presencial interviene, despejando distracciones y permitiendo que la solución emerja espontáneamente. Esta claridad surge del silencio mental, donde la creatividad fluye sin esfuerzo. La atención presencial y la concentración total son claves para desbloquear esta inteligencia profunda, más allá del pensamiento condicionado.

Nota: Pedimos disculpas por la ausencia de mujeres en la imagen, así como por cualquier dificultad en la lectura de algunas letras. El mensaje esencial trasciende la forma, enfocándose en la exploración de la conciencia.

Para aclararlo, es fundamental comprender cómo opera la mente en sus diferentes niveles:

1. La mente como Actor (Drisha): en el estado habitual de la mente dual, los pensamientos emergen de la memoria, la asociación de ideas y la lógica del intelecto. Aquí, el pensamiento es condicionado, surge de experiencias pasadas y se basa en patrones de pensamiento adquiridos. En este nivel, una solución creativa sería simplemente el resultado de conexiones entre ideas previas, filtradas por el condicionamiento del pensamiento dualista.

2. La Conciencia Testigo (Drig): no genera pensamientos, sino que presencia el fluir de la mente sin identificarse con él. Cuando el Actor (mente pensante) comienza a extinguirse en la meditación, se despejan las distracciones y las capas superficiales de pensamiento, permitiendo que la solución emerja espontáneamente, sin esfuerzo, como un destello de comprensión profunda. Aquí, la creatividad no surge de la mente analítica, sino de una intuición pura, una claridad que proviene del silencio mismo.

¿DE DÓNDE SURGE LA IDEA CREATIVA EN MEDITACIÓN?

Si la meditación es profunda y el Actor se ha extinguido en gran medida, la idea no es un producto del pensamiento habitual, sino que brota espontáneamente desde la conciencia Testigo presencial, que no es intelectual sino sabiduría directa. No es un pensamiento construido, sino una comprensión instantánea que parece "llegar" sin que el intelecto la elabore. Es la diferencia entre resolver un problema pensando en él activamente y recibir una respuesta clara sin esfuerzo.

Por ejemplo, muchas personas experimentan esto en la ducha, al caminar o en momentos de relajación o meditación profunda: de pronto, la respuesta simplemente aparece, sin haberla buscado activamente. En la meditación no-dual, esto ocurre con más frecuencia porque la mente no está obstruyendo el flujo natural de la sabiduría con pensamientos innecesarios.

¿CÓMO SURGE SI EL YO ESTÁ EN EXTINCIÓN?

En la meditación no-dual, cuando el Actor (mente pensante) se apaga, no significa que la inteligencia desaparezca. Al contrario, la verdadera inteligencia (la claridad de la Conciencia) se revela sin interferencias. La mente discursiva (pensamiento dual) deja de bloquear la sabiduría que está siempre presente en la conciencia pura. En este estado, la respuesta aparece con una certeza que no proviene de la lógica, sino de la visión directa e inmediata.

La idea creativa en meditación profunda no surge del intelecto, sino de la sabiduría de la conciencia presencial, cuando la mente condicionada deja de interferir. No es que "alguien" en la mente piense se le solucione un problema importante, sino que se ve espontáneamente, como cuando se disipan las nubes y el sol brilla por sí mismo.

MECANISMO NEUROLÓGICO Y PSICOLÓGICO DE LA EMERGENCIA DE IDEAS EN LA MEDITACIÓN

Desde una perspectiva científica, la emergencia de una idea o solución en meditación se puede explicar mediante procesos neurológicos y psicológicos específicos, que implican cambios en la actividad cerebral y en la dinámica de la mente. A continuación, desglosamos estos procesos en niveles neurológicos y psicológicos para entender cómo surge una idea cuando el "yo" está ausente.

1. Mecanismo neurológico: ¿Qué sucede en el cerebro?

Durante la meditación, el cerebro experimenta cambios en la actividad de diversas redes neuronales, facilitando la aparición espontánea de ideas creativas y soluciones.

(A) Desactivación del Modo por Defecto (DMN): la red de Modo por Defecto (DMN) es la parte del cerebro que está activa cuando la mente divaga, recuerda el pasado o proyecta el futuro. Es la responsable del pensamiento ego-referencial, pensamiento narrativo, rumiativo o intrusivo, es decir, de la construcción del "yo" narrador. En estados de meditación profunda, esta red se desactiva parcialmente o se silencia, lo que permite que otras áreas del cerebro trabajen sin la interferencia del diálogo interno.

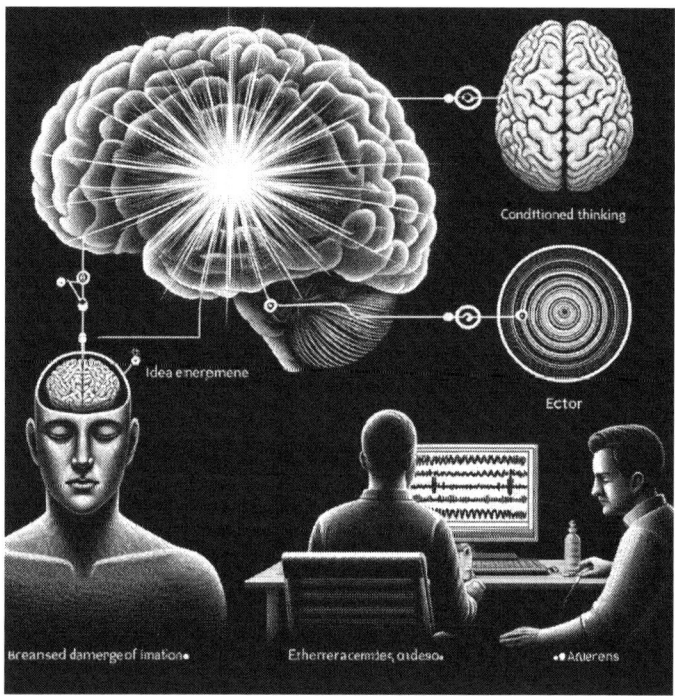

La imagen representa el funcionamiento del cerebro en meditación, mostrando cómo la actividad neuronal cambia cuando la mente se aquieta. Un dispositivo EEG registra las ondas cerebrales alfa y theta, asociadas con la creatividad y la introspección profunda. Desde la perspectiva de la no-dualidad, el Actor es la mente condicionada, atrapada en pensamientos y emociones fluctuantes. Durante la meditación, el Testigo observa sin identificarse con el contenido mental, permitiendo que las ideas surjan espontáneamente sin la interferencia del ego. La concentración plena equilibra intuición y análisis, desactivando la Red de Modo por Defecto (DMN) y favoreciendo una mente clara y receptiva. Este proceso demuestra que la verdadera creatividad emerge cuando la mente se libera del pensamiento condicionado.

(B) Activación de la Red de Control Ejecutivo (ECN): al silenciar el DMN, la **Red de Control Ejecutivo (ECN)**, que regula la atención y el enfoque, se fortalece. Esto permite que el cerebro procese la información de manera más eficiente y sin distracciones, facilitando la emergencia de ideas sin la interferencia de pensamientos dispersos.

(C) Integración de la Red de Saliencia (SRN): la **Red de Saliencia** coordina la transición entre la Red de Modo por Defecto y la Red de

Control Ejecutivo. Durante la meditación, esta red ayuda a detectar patrones y conexiones nuevas, lo que facilita la aparición de **insights** o soluciones creativas de manera espontánea.

(D) Mayor Conectividad entre Hemisferios: en meditación, se observa un aumento en la conectividad entre el hemisferio derecho e izquierdo del cerebro. El hemisferio derecho, más vinculado a la intuición y la creatividad, tiene mayor libertad para generar soluciones no lineales, mientras que el izquierdo, más analítico, se encuentra en reposo. Este equilibrio permite que las ideas surjan sin una estructura lógica forzada.

(E) Estado de Ondas Cerebrales (Alfa y Theta): durante la meditación profunda, la actividad cerebral cambia de ondas beta (asociadas al pensamiento analítico) a ondas alfa y theta: Ondas alfa (8-12 Hz): Relajación y acceso a estados intuitivos. Ondas theta (4-8 Hz): Creatividad, intuición profunda y acceso a memoria implícita (que influye en el comportamiento y habilidades automáticas, como conducir, hablar o reconocer patrones intuitivamente). Cuando la mente racional (Actor) se apaga, estas ondas favorecen la emergencia de insights profundos (Testigo).

2. Mecanismo psicológico: ¿Cómo se genera la idea o solución en meditación?: desde el punto de vista psicológico, el proceso sigue una dinámica parecida a la resolución de problemas por **insight** o "eureka moment" (momento de iluminación, de inspiración o revelación súbita). Se refiere al instante en que una persona experimenta una comprensión repentina o encuentra la solución a un problema de manera inesperada.

(A) Relajación de la mente conceptual: en la vida cotidiana, el pensamiento lógico y secuencial bloquea muchas soluciones porque busca respuestas de forma demasiado estructurada. En meditación, al no buscar activamente una solución, la mente se relaja y permite que las conexiones subyacentes emergentes (previamente inconscientes) se vuelvan accesibles.

(B) Suspensión del pensamiento dual: la mente dualista (que separa sujeto-objeto) deja de dominar, permitiendo que la solución aparezca como una visión total e integrada, sin necesidad de un proceso paso a paso.

(C) Efecto del "Incubation Period": muchas soluciones creativas no se producen al pensar activamente en un problema, sino cuando la mente descansa. Este fenómeno se llama incubación y ocurre cuando la mente consciente deja de insistir en una solución y permite que el subconsciente realice las conexiones necesarias.

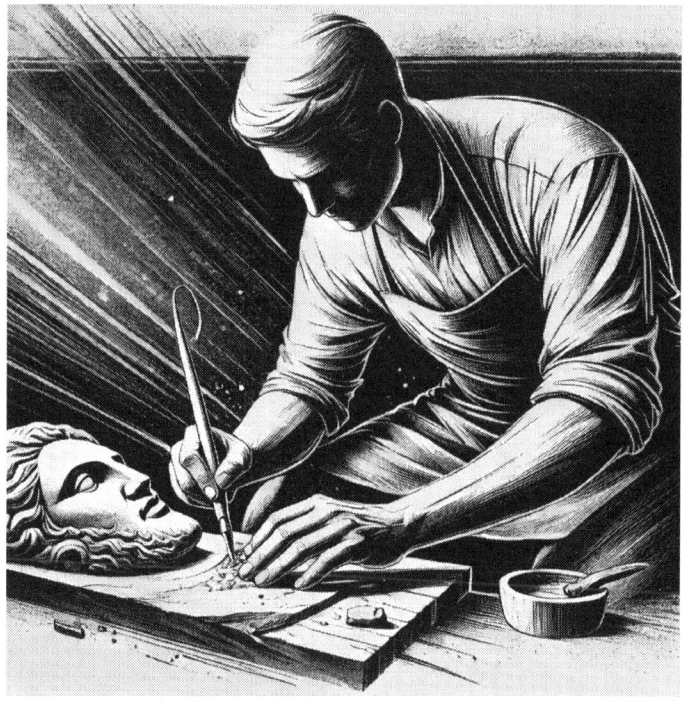

La imagen representa a un artesano profundamente concentrado, tallando con precisión, lo que simboliza la importancia de la atención sostenida en cada acción. En el proceso creativo, si la mente se dispersa, el resultado puede verse afectado. La presencia total permite que el trabajo fluya con precisión y armonía. Desde la no-dualidad, el Actor intenta controlar el proceso con esfuerzo, mientras que el Testigo simplemente observa, permitiendo que la acción se realice con naturalidad. Estar atento sin identificación con el pensamiento garantiza que el resultado sea óptimo, ya que la creatividad fluye sin obstáculos cuando la mente está libre de distracciones y expectativas.

Durante la meditación o Testigo, este proceso de incubación es más eficaz porque la mente no está atascada ni forzada en patrones de pensamiento rígidos.

(D) Atención No Directiva y Observación: la observación sin juicio (atención no directiva) permite que las respuestas lleguen por sí mismas en vez de ser "forzadas" por el análisis lógico. Esto explica por qué, en la práctica de Testigo y Actor, cuando el Actor se extingue, el Testigo simplemente "ve" la respuesta, sin necesidad de pensar activamente.

CÓMO SURGE LA IDEA SI EL YO SE EXTINGUE. RESUMIMOS EL PROCESO EN TRES PASOS CLAVE

El Actor se apaga → El diálogo interno y el ego se silencian (desactivación del DMN).
El Testigo está presente → El cerebro funciona con más eficiencia, sin bloqueos ni filtros del pensamiento analítico.
La solución emerge espontáneamente → Se da la conexión intuitiva sin intervención del ego, como una visión repentina o un insight.

En términos neurológicos, la creatividad en la meditación no es un "pensamiento elaborado", sino una revelación espontánea, facilitada por la relajación de la mente conceptual y la integración de redes neuronales profundas.

EJEMPLO PRÁCTICO

Pensemos en un científico o un artista que busca una solución a un problema. Si se esfuerza demasiado en encontrarla, puede quedar atrapado en el pensamiento lógico. Pero si deja de pensar activamente (por ejemplo, al dar un paseo o dormir), la solución simplemente "aparece".

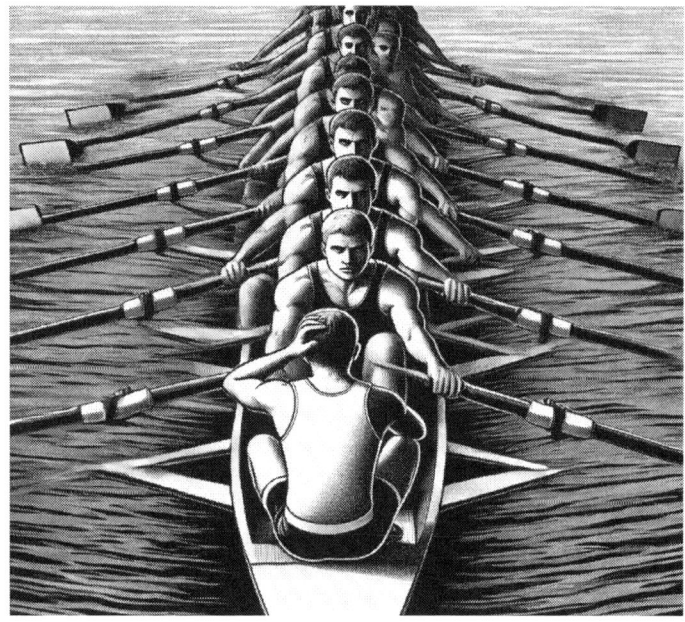

Un equipo de remeros debe moverse en perfecta sincronización para
alcanzar su máximo rendimiento. Si uno de ellos pierde el ritmo,
la velocidad disminuye, el esfuerzo se desperdicia y el bote avanza con
menor eficacia. Lo mismo ocurre con la mente: cuando el Actor está
atrapado en pensamientos dispersos, rumiativos o intrusivos, la energía
mental se fragmenta, generando confusión y fatiga. En cambio, cuando
la mente opera desde la conciencia Testigo, los pensamientos útiles emergen
con mayor claridad, sin interferencia del ego ni del miedo al olvido.
Así como un equipo alineado optimiza su esfuerzo, una mente en calma
y presente permite que las soluciones surjan sin resistencia, fluyendo con
precisión y sin desperdiciar energía.

En la meditación no-dual, este proceso ocurre de manera más
pura y constante, porque no hay apego al pensamiento racional.
La conciencia Testigo ve la respuesta sin necesidad de procesarla
mentalmente. La idea emerge como conocimiento directo, sin intermediarios.

Este es el mecanismo que explica cómo una idea surge en meditación cuando el yo-mente está en extinción. La mente se aquieta,
los procesos neuronales se reconfiguran, y la claridad intuitiva se
revela sin esfuerzo ni pensamiento deliberado.

Por otro lado, quienes afirman que no desean meditar porque temen perder pensamientos importantes (dejar pasar los pensamientos) interpretan erróneamente el proceso de la meditación no-dual. Creen que la meditación es un rechazo del pensamiento útil o una eliminación de la capacidad reflexiva, cuando en realidad es la liberación de la mente del ruido innecesario, de los pensamientos intrusivos, para que la verdadera claridad pueda manifestarse.

Desde la perspectiva Testigo-Actor, el Actor (mente pensante) opera mediante la asociación de ideas, la memoria y la lógica. Esto le permite resolver problemas cotidianos, pero al mismo tiempo lo mantiene atrapado en un flujo incesante de pensamientos, muchos de los cuales son repetitivos, rumiativos, intrusivos y condicionados. La mayoría de los pensamientos que surgen en la mente dual no son necesariamente útiles, sino reflejos de hábitos mentales adquiridos.

Cuando el Actor se extingue en la meditación, no se pierde la capacidad de pensamiento útil; por el contrario, se optimiza. En este estado, el Testigo no interfiere ni lucha contra los pensamientos, sino que permanece abierto y receptivo, permitiendo que las ideas realmente valiosas emerjan sin esfuerzo. Las soluciones a los problemas no desaparecen, sino que se presentan con mayor claridad y certeza, sin la distorsión del ego ni del miedo al olvido.

Quien abandona la meditación por temor a "perder pensamientos importantes" está aferrándose al Actor como la única fuente de conocimiento, ignorando que la conciencia Testigo es la fuente de la intuición más pura. Es precisamente cuando la mente conceptual se relaja que las soluciones más profundas aparecen sin ser forzadas.

La paradoja es que, al soltar la obsesión por pensar, el pensamiento útil se refina y se vuelve más preciso. Es como el cielo despejándose después de una tormenta: cuando las nubes (pensamientos constantes) se disipan, el sol (sabiduría directa) brilla por sí mismo.

El monje zen rastrilla el jardín de arena con movimientos precisos
y meditativos, completamente presente en cada trazo que deja su
herramienta. Su atención no está dispersa, no hay prisa ni distracción,
solo un flujo continuo entre la acción y la conciencia. En la no-dualidad,
el Actor se identifica con el hacer, atrapado en pensamientos sobre la
tarea, mientras que el Testigo observa sin intervenir. Al sostener una
atención pura y sin elección, el monje disuelve la separación entre
hacedor y acción, permitiendo que el acto de rastrillar sea la conciencia
misma. En este estado, no es el monje quien rastrilla, sino que la acción
surge espontáneamente desde la quietud del Testigo silencioso, libre de
esfuerzo y dualidad.

8

Atención pura y el testigo silencioso

En la no-dualidad, y especialmente en el contexto de Testigo y Actor, la atención es fundamental porque es el puente entre ambos. Presentamos algunas claves de importancia:

1. **Atención como presencia del Testigo:** la atención pura es la cualidad del Testigo, que no es una función del pensamiento, sino que representa la misma conciencia sin elección. Cuando hay atención sin distracción, el Actor pierde su dominio, y la identificación con el hacedor se debilita.

2. **El Actor vive de la Falta de atención:** el Actor, que es el ego y la mente identificada con el hacer, depende de una atención fragmentada, es decir, de una atención atrapada en pensamientos, deseos y recuerdos. Cuando la atención se dispersa, el Actor domina la escena.

3. **Cuando la atención es sostenida y estable,** el Actor se extingue: en el estado de atención total, sin resistencia ni juicio, no hay nadie haciendo nada: solo queda el Testigo en escena. Es el instante en que el Actor se disuelve porque su existencia depende de la identificación con el pensamiento y la acción.

4. **Atención, no pensamiento:** no es necesario pensar para estar atento. La *atención es conocimiento puro, directo y sin intermediarios. Mientras* que el pensamiento es dual, la atención es no-dual: observa sin separarse de lo observado.

5. **Las tres prácticas de la atención son:** observación como experiencia dual. Concentración: la atención se atiende

como experiencia no-dual. La meditación: La atención ya
no es algo "que se hace", sino que se convierte en la base
de la existencia misma.

6. **Atención y extinción del pensamiento:** en la práctica,
cuando uno camina con atención plena, sin etiquetas ni
comentarios mentales, la mente deja de intervenir. Los
pensamientos se extinguen y la conciencia permanece
abierta, sin resistencia. Esto es la conciencia Testigo en
acción durante la vida cotidiana.

Por tanto, la atención es el medio y el fin en la no-dualidad del Testigo y el Actor. Es la clave para desidentificarse del Actor sin luchar contra él. Basta con estar plenamente atento para que el Actor se desvanezca, y solo quede la claridad del Testigo.

ATENCIÓN SIN PENSAMIENTO EN LA NO-DUALIDAD

La afirmación **"no es preciso pensar para estar atento"** es esencial en la comprensión de la no-dualidad y en la relación entre el Testigo y el Actor. Profundizar en este tema implica explorar la naturaleza de la atención, su relación con la conciencia pura y cómo la mente conceptual interfiere en ella.

Desde la perspectiva no-dual, la atención no es una función de la mente ni del pensamiento discursivo, sino una expresión directa de la Conciencia Testigo. Es decir, la atención es conocimiento en sí misma, sin necesidad de intermediarios.

En la vida cotidiana, solemos asociar la atención con el pensamiento: "Estoy atento porque estoy pensando en esto". Sin embargo, la verdadera atención no implica esfuerzo mental ni conceptualización. Es la capacidad de percibir directamente sin etiquetar ni analizar.

Imagina un niño pequeño observando la caída de la lluvia por primera vez. No necesita decirse: *"Esto es lluvia, es agua, cae del cielo, esta mojada"*. Simplemente **está atento**, percibiendo sin filtro. Su atención es directa, sin pensamiento conceptual.

Otro ejemplo que ilustra cómo la verdadera atención es una percepción directa, sin necesidad de conceptualizar ni pensar: imagina que estás en el campo y, de repente, un pájaro canta. No necesitas pensar: "ese es un mirlo, su canto es melodioso, significa que está buscando pareja". Simplemente escucha. El sonido entra directamente en tu conciencia-atención-testigo sin que haya necesidad de etiquetarlo. En ese momento, eres solo presencia y escucha pura.

Otro ejemplo para que se comprenda bien la diferencia entre atender y pensar: imagínate junto a un río o en el grifo del agua de tu casa, metes las manos en el agua y sientes su frescura, su movimiento, la textura al deslizarse entre tus dedos. No necesitas decirte: "El agua está fría porque viene de la montaña" o "Su flujo sigue las leyes de la física". Solo sientes, sin filtro, sin interpretación. Es una experiencia directa, sin que el pensamiento intervenga.

Cuando la mente entra en juego, la atención se fragmenta. La mente conceptual no puede existir sin división: separa al observador de lo observado. Genera dualidad "yo estoy viendo esto". Crea ruido, interpretaciones, juicios, comparaciones. Esto no es atención pura, sino una atención condicionada por el Actor. En la práctica no-dual, se busca estabilizar la atención sin necesidad de esfuerzo mental.

Por otro lado, no necesitas recordarte a ti mismo estar atento. No controles la atención, sino que eres ya la presencia atenta misma. Es una atención sin sujeto ni objeto, sin esfuerzo ni dualidad. Eres como un espejo que refleja sin elegir qué reflejar. No piensa "Voy a reflejar esto y no aquello" simplemente refleja. Así es la atención en su estado puro: **una presencia abierta, sin filtros ni juicios**.

No es preciso pensar para estar atento porque la atención es anterior y posterior al pensamiento. El pensamiento interrumpe la atención pura y la convierte en un proceso dualista, pero tarde o temprano vuelves a estar atento, cuando el pensamiento muere. En la no-dualidad, la verdadera atención es la conciencia misma, sin esfuerzo ni conceptualización. El Testigo no "usa" la atención, es atención en sí mismo. La clave es vivir en esa atención pura, donde el Actor se rinde y se disuelve con aceptación, sin lucha.

Los **Vedas** y los **Upanishads** son los pilares del conocimiento espiritual en la India y marcan el origen de la no-dualidad (Advaita Vedanta). En estos textos se presenta la distinción entre el mundo fenoménico y la realidad última, estableciendo conceptos fundamentales como el Testigo (Sākṣī - **साक्षी**) y el Actor (Karta - **करता**). Los Upanishads, especialmente el Mandukya Upanishad, describen Turiya (**तुरीय**), el estado de conciencia más allá de la vigilia, el sueño y el sueño profundo. Aquí, la conciencia no está limitada por la mente o el cuerpo, sino que es pura presencia (Chaitanya - **चैतन्य**). El Katha Upanishad enseña que la mente dispersa en el mundo externo no puede percibir la verdad, y solo al dirigir la atención hacia el Ser (Atman - **आत्मन्**), se trasciende la ilusión (Maya - **माया**). Adi Shankara, en su obra Vivekachudamani, explica que sin viveka (**विवेक**) - discernimiento, la mente permanece atrapada en la dualidad.

Estos textos establecen que la Conciencia Testigo es la única realidad permanente, mientras que el mundo y el yo individual son manifestaciones pasajeras dentro de ella.

CONVERGENCIAS EN LA ENSEÑANZA DE LA ATENCIÓN

La **atención** ha sido un elemento central en múltiples tradiciones espirituales a lo largo de la historia. Desde los Vedas hasta los maestros modernos como Krishnamurti y Nisargadatta, la atención se ha entendido como **el puente entre la ignorancia y la realización, entre el Actor y el Testigo**.

Atención en los Vedas (textos sagrados del hinduismo) y Upanishads (textos del induismo): la base del conocimiento:

En los textos más antiguos de la tradición védica, la atención no se menciona explícitamente como un concepto separado, pero sí se habla del estado de alerta y conciencia necesaria para la percepción del Ser (Atman).

- Los **Vedas** afirman que la mente dispersa en deseos y objetos externos no puede percibir la verdad suprema. Por ello, **el recogimiento de la atención** es fundamental.
- Los **Upanishads**, especialmente el *Mandukya Upanishad*, describen que el estado de Turiya (el estado de conciencia más allá de la vigilia, el sueño y el sueño profundo) no es un estado mental, sino **un estado de atención sin esfuerzo, sin objeto ni sujeto**.
- En el *Katha Upanishad*, el sabio Nachiketa recibe la enseñanza de que **el control de los sentidos y la dirección de la atención hacia el interior es el camino hacia el Ser**.

"El Ser no puede ser alcanzado por los que no tienen control sobre su mente y sus sentidos." (*Katha Upanishad*, 1.3.8)

Aquí, la atención es vista como la capacidad de dirigir la energía hacia lo real, apartándola de lo ilusorio (maya).

Adi Shankara, el gran filósofo del Advaita Vedanta, profundiza en la idea de la atención en sus escritos, aunque utiliza términos como **"viveka" (discernimiento) y "shraddha"** (concentración en lo esencial). En *Vivekachudamani* (La Joya Suprema del Discernimiento), Shankara explica que **sin una atención constante en lo Real (Brahman), la mente sigue atrapada en la ilusión (Maya)**.

Aunque a algunos les pueda parecer absurdo comparar la atención con Brahman (la Realidad última y Absoluta), en mi experiencia, la atención, en su forma más pura, refleja al Brahman de los Upanishads (sentarse cerca o a los pies del maestro para recibir las enseñanzas).

En la vida cotidiana, hay momentos en los que estamos completamente alerta: cuando cruzamos una calle transitada, cuando sostenemos un objeto frágil o cuando escuchamos atentamente a alguien. En esos instantes, la mente está libre de distracciones, totalmente presente. Sin darnos cuenta, estamos en un estado de meditación espontánea. Sin embargo, esta presencia es pasajera, atrapada por la inercia del pensamiento. En lugar de sostenerla a lo largo del día, la dejamos escapar, reduciendo la conciencia a destellos efímeros como la trapecista. La meditación no-dual nos invita a prolongar este estado, a vivir en una atención sostenida, donde el Testigo y el Actor se funden, y la presencia no es solo un reflejo fugaz, sino la esencia misma de nuestro ser.

Esto se debe a que la atención pura y sostenida es una experiencia de unidad, ya que carece de espacio y tiempo. Además, la atención es la manifestación del Testigo; sin plena atención, no hay conciencia del Testigo. Así, la atención se convierte en un puente entre la identidad limitada del Actor y la realidad ilimitada de Brahman, revelando la unidad, por tanto, la atención es la propia esencia de la conciencia Testigo, la cual nos conecta directamente.

Define la atención como la capacidad de diferenciar lo eterno de lo transitorio (*Nitya-Anitya Viveka*). Dice que el sabio es aquel cuya atención permanece fija en el Sí mismo, incluso en medio de la acción. Afirma que el desapego surge naturalmente cuando la atención se mantiene en la verdad y no en el mundo fenoménico.

Desde la tradición védica hasta los maestros modernos, la atención ha sido vista como: un medio para discernir lo Real de lo ilusorio. Una forma de dirigir la energía-conocimiento hacia la conciencia pura y el reconocimiento directo de la conciencia testigo. En Advaita Vedanta, la atención no es un esfuerzo mental, sino la expresión natural de la conciencia despierta.

CUANDO LA ATENCIÓN FLORECE EN LO COTIDIANO

Por otro lado, en la vida diaria, el Testigo se manifiesta como la conciencia pura que observa sin identificarse con pensamientos, emociones o situaciones. Exploramos cómo la atención o Testigo emerge en distintos escenarios de la vida cotidiana, ofreciendo claridad y serenidad.

- **En una conversación tensa**: el Testigo permite escuchar sin reaccionar impulsivamente, manteniendo la calma y ofreciendo respuestas reflexivas. Aquí como en las demás experiencias se busca la correcta cognición.
- **Ante críticas o juicios externos**: atiende los sentimientos de vulnerabilidad sin identificarse con ellos, evitando tomar la crítica de manera personal y respondiendo con sabiduría.
- **Durante el estrés o la ansiedad**: percibe las señales del cuerpo y la mente agitada sin sucumbir a ellas, permitiendo actuar con atención y serenidad.
- **Esperando noticias importantes**: mantiene la ecuanimidad frente a la incertidumbre, observando las emociones desde el momento presente, sin ser dominado por ellas.

- **En la observación de pensamientos**: permite ver preocupaciones y recuerdos sin quedar atrapado en ellos, logrando distanciarse de la narrativa mental.
- **Película conmovedora**: el Testigo observa las emociones intensas sin identificarse con ellas, permitiendo que fluyan mientras se mantiene consciente de su naturaleza transitoria.
- **Lectura significativa**: al leer algo profundo, el Actor se disuelve y el Testigo permanece como presencia pura, libre de juicios, donde la atención plena trasciende el tiempo.
- **Dolor físico**: la atención o Testigo observa el dolor sin añadir sufrimiento emocional, aceptando la sensación sin resistencia ni identificación, lo que facilita la tolerancia y la calma.
- **Alegría espontánea**: en momentos de felicidad, el Testigo permite disfrutar la emoción sin apego ni necesidad de prolongarla, reconociendo desde el presente su carácter pasajero.
- **Elecciones importantes**: ante decisiones críticas, el Testigo observa el proceso sin ser arrastrado por el miedo o la duda, promoviendo claridad y sabiduría en la acción.
- **Juego de ajedrez**: en el ajedrez, la atención pura como Testigo percibe con serenidad, sin carga emocional ni apego al resultado, dejando surgir decisiones desde la claridad y la atención plena.
- **Soledad**: frente al aislamiento, el Testigo observa el vacío emocional sin identificarse, reconociendo la transitoriedad de esta experiencia y proporcionando calma.
- **Conciencia en acción**: el Testigo guía desde un equilibrio interior, observando la vida sin ser dominado por el ruido mental o las emociones, integrando quietud y acción.
- **Vida como expresión del Testigo**: la meditación no-dual integra al Testigo cognitivo en todos los aspectos de la vida, permitiendo vivir libre de la ilusión de separación y en conexión con el Ser auténtico.

La atención en forma de Testigo siempre ofrece una   perspectiva trascendental y ecuánime en cada experiencia, permitiendo vivir con mayor libertad y consciencia.

Existen muchas circunstancias en las que el Testigo se ausenta y el actor (el ego, la mente reactiva) toma el control. En estos momentos, nos identificamos profundamente con nuestras emociones, pensamientos y deseos, perdiendo la conexión con nuestra conciencia pura. Aquí presento algunas de esas experiencias en la vida cotidiana:

En la imagen, un grupo de monjes meditan con los ojos cerrados, sumidos en profunda concentración. Sin embargo, uno de ellos está distraído, su mente vagando lejos del presente. Su postura es la misma que la de sus compañeros, pero su atención no está ahí. En lugar de habitar la conciencia del Testigo, ha caído en la inercia del Actor, absorbido por pensamientos o el sopor del momento. A diferencia de la trapecista en equilibrio, que estaba alerta porque su supervivencia dependía de ello, este monje se ha entregado al automatismo. Mientras sus compañeros practican la presencia, él ha permitido que la mente reactiva tome el control. Esta escena refleja cómo, en la vida diaria, solemos perdernos en distracciones y rutinas sin darnos cuenta, dejando que el Testigo se ausente.

- **Conflictos emocionales intensos**: durante discusiones o conflictos, el Actor responde desde el ego, reaccionando impulsivamente, mientras el Testigo cognitivo queda eclipsado.
- **Rutinas automáticas**: actividades cotidianas, como ducharse o caminar, suelen realizarse de manera mecánica, con el Actor dominando y la mente divagando. El Testigo interno puede activarse con atención plena.
- **Críticas personales**: ante críticas o juicios, el Actor reacciona con defensa o herida emocional. El Testigo, al observar

sin identificarse, ofrece claridad en forma de presenciador silencioso.

- **Estrés y presión**: bajo estrés, el Actor se enfoca en resultados y expectativas, mientras el Testigo desaparece, atrapado por la ansiedad.
- **Celos e inseguridad**: sentimientos de comparación o validación externa surgen desde el Actor, que se identifica con el "yo" amenazado mientras la atención esta oculta.
- **Búsqueda de placer inmediato**: deseos de gratificación temporal activan al Actor, ignorando consecuencias y ocultando al Testigo presencial.
- **Ira o venganza**: En emociones intensas, como ira, el Actor actúa desde el ego, dejando al Testigo detrás (de la pantalla) del torbellino emocional.

La imagen representa un grupo de personas caminando por una avenida amplia de la ciudad, cada una inmersa en su propio mundo interior, pero con los ojos abiertos y la mirada atenta. No es una caminata mecánica ni distraída, sino una práctica de meditación en movimiento, donde cada paso es una oportunidad de conectar con el Testigo interior. Caminar en la ciudad es un reto mayor que hacerlo en la naturaleza. Aquí, el ruido, las multitudes y la velocidad del entorno ponen a prueba nuestra capacidad de permanecer presentes. Si logramos mantener la conciencia en medio del caos urbano, hemos encontrado el verdadero aislamiento sensorial: no importa lo que ocurra afuera, la atención sigue firme adentro.
En cada paso, el meditador se convierte en el Testigo que observa el cuerpo moverse, el sonido del tráfico, el ritmo de la respiración y la sensación del suelo bajo los pies. Es una invitación a romper el automatismo y transformar un acto cotidiano en una puerta hacia la presencia sostenida. Caminar de este modo es un recordatorio de que la meditación no es solo un ejercicio estático. Es la manera en que habitamos el mundo, la intensidad con la que vivimos cada instante.

La caminata como práctica consciente

- **Piloto automático**: durante paseos, la mente tiende a divagar con pensamientos intrusivos, dominados por el Actor.
- **Meditación en movimiento**: un meditador experimentado puede sostener la atención plena como Testigo, reconociendo pensamientos sin aferrarse.
- **Anclas sensoriales**: centrarse en estímulos presentes, como el viento el canto de los pájaros o la respiración, permite fortalecer al Testigo y debilitar al Actor.
- **No-dualidad**: cuando el Testigo observa el presente sin narrativas mentales, se experimenta la verdadera no-dualidad.

Caminar con atención sostenida transforma los paseos en una meditación en movimiento. Al enfocarse en cada paso, las sensaciones físicas y el entorno, la mente se ancla en el presente, reduciendo la divagación mental. Reconocer los pensamientos sin juzgar fortalece al Testigo y debilita al Actor, trascendiendo la identificación con el ego. Este estado refleja madurez espiritual, liberando la mente de la agitación y cultivando una conexión profunda con la realidad, donde cada paso se convierte en una oportunidad de presencia plena.

La imagen del ajedrez representa la interacción entre el Actor y el Testigo en la no-dualidad. Uno de los jugadores está inmerso en la estrategia, encarnando el Actor, quien se involucra en la acción. El otro observa con serenidad, simbolizando el Testigo, que contempla sin apego. Aquí se manifiestan dos habilidades no-duales esenciales: Discernimiento (Viveka), la capacidad de diferenciar entre el pensamiento reactivo y la claridad consciente al tomar decisiones. Desapego (Vairagya), no identificarse con el resultado del juego, permitiendo actuar sin ansiedad ni miedo. Así, el ajedrez se convierte en un espejo del equilibrio entre presencia y acción.

9

Habilidades que facilitan la unión entre actor y testigo

Este capítulo se centra en las habilidades esenciales para integrar al Actor, que actúa en el mundo dual, y al Testigo, que observa desde la conciencia no-dual. Estas capacidades permiten trascender la percepción errónea de división y experimentar una vida más plena y consciente.

Discernimiento (Viveka): el discernimiento es la capacidad de diferenciar entre lo eterno y lo transitorio, entre la conciencia pura del Testigo y las fluctuaciones del Actor. En la práctica meditativa, este discernimiento permite reconocer cuándo estamos identificados con el Actor y cuándo estamos arraigados en el Testigo. Aunque el Actor es necesario para vivir en el mundo, discernir ayuda a ver que tanto el Actor como el Testigo son expresiones de la misma conciencia. Esta habilidad disuelve la ilusión de dualidad y permite navegar la vida con una perspectiva más amplia y equilibrada.

Desapego (Vairagya): el desapego es un estado de libertad interior que surge al soltar los apegos y las identificaciones con lo transitorio. No significa renunciar al mundo, sino participar plenamente sin estar condicionado por expectativas, miedos o deseos. Este estado permite al Actor actuar sin aferrarse a los resultados, manteniéndose enraizado en la conciencia del Testigo. El desapego revela la unidad subyacente entre Actor y Testigo, promoviendo una vida equilibrada y compasiva. Al comprender la naturaleza ilusoria de la separación, el desapego se convierte en una herramienta clave para la integración de estas dos dimensiones.

Control de la mente: en la no-dualidad, controlar la mente no implica reprimirla, sino observarla desde el Testigo sin quedar atrapados en sus fluctuaciones. La mente, al oscilar entre deseos, miedos y memorias, perpetúa la ilusión de separación. El desapego ayuda a observar los pensamientos como eventos transitorios, permitiendo un equilibrio mental. Este control estabiliza la mente, haciéndola menos reactiva y más clara. Mientras el Actor actúa con sabiduría, el Testigo permanece consciente, libre de distracciones. Este proceso unifica ambas perspectivas, guiando las acciones con claridad y ecuanimidad.

Deseo de búsqueda: el deseo de búsqueda es un impulso natural que lleva a explorar la verdadera naturaleza del Ser. Aunque inicialmente surge del Actor, este deseo puede transformarse en una herramienta de autoindagación.

1. **Raíz del deseo:** proviene de la sensación de separación y fragmentación del Actor, que busca completarse a través de logros o experiencias externas.
2. **Paradoja:** la no-dualidad enseña que el buscador y lo buscado son lo mismo. Este deseo refleja un olvido temporal de nuestra verdadera naturaleza.
3. **Transformación:** el deseo maduro se convierte en autoindagación, redirigiendo la atención hacia el Testigo y revelando que siempre hemos sido completos.
4. **Juego de la conciencia:** la búsqueda externa es vista como un juego de la conciencia que olvida su esencia para redescubrirse. Este proceso no es un error, sino una dinámica natural que permite a la conciencia reconocerse como indivisible.

La superposición (Adhyasa): la superposición es un error cognitivo que proyecta características transitorias del mundo sobre la

La imagen del viajero en el desierto que confunde un espejismo con un oasis simboliza la superposición (Adhyasa), el error cognitivo que proyecta ilusiones sobre la realidad. Así como el viajero cree ver agua donde solo hay arena, el ser humano confunde lo transitorio con lo eterno, identificándose con el Actor en lugar del Testigo. Los deseos, miedos y creencias crean espejismos mentales que nos atrapan en la ilusión de dualidad. Solo a través de la atención presencial, el Testigo puede discernir la verdad. Cuando la conciencia observa sin identificarse con los pensamientos y emociones, se disuelven las falsas proyecciones, revelando que lo que parecía real nunca lo fue.

naturaleza eterna del Testigo. Este fenómeno perpetúa la ilusión de dualidad y refuerza la identificación con el Actor.

1. **Metáfora de la cuerda y la serpiente:** al igual que alguien puede confundir una cuerda con una serpiente en la oscuridad, la superposición lleva a confundir el Testigo con el Actor y sus experiencias.

2. **Identidad falsa:** proyectar emociones, pensamientos y deseos sobre el Testigo genera una falsa identidad basada en la separación.

3. Fuente de sufrimiento: al identificarse con lo transitorio, las personas experimentan miedo, apego y deseos insatisfechos.

4. Disolución: El discernimiento y el desapego disuelven esta superposición, revelando la unidad entre el Actor y el Testigo.

5. Reflexión: la reflexión es un proceso de autoindagación que trasciende el análisis intelectual y busca desvelar la verdadera naturaleza del Ser. Implica cuestionar la identidad personal para descubrir al Testigo como la fuente de toda experiencia.

Aceptación: La aceptación en la no-dualidad implica una apertura total a la realidad, basada en la comprensión de que todo es una manifestación de la conciencia.

1. Reconocimiento de lo transitorio: liberar al Actor de la lucha por controlar lo incontrolable.

2. Disolución de la resistencia: permite descansar en la presencia del Testigo.

3. No es resignación: aceptar no implica pasividad, sino actuar con conciencia de la unidad subyacente.

4. Integración: aceptar todas las experiencias permite unificar al Actor y al Testigo.

APLICACIÓN PRÁCTICA DE LAS HABILIDADES

Estas habilidades son herramientas esenciales para integrar las perspectivas del Actor y el Testigo en la vida diaria. La práctica del discernimiento, el desapego y la aceptación, junto con la reflexión y el control de la mente, permiten trascender la identificación con lo transitorio y actuar desde la claridad del Testigo.

La comprensión de que Actor y Testigo no son entidades separadas, sino expresiones de una misma conciencia, facilita una vida más consciente y plena. El proceso de integración no elimina al Actor, sino que lo armoniza con el Testigo, revelando la unidad que subyace a toda experiencia.

Estas habilidades son fundamentales para equilibrar las dimensiones dual y no-dual de nuestra experiencia. Al cultivar discernimiento, desapego, control mental, aceptación y reflexión, trascendemos la identificación con el Actor y nos conectamos con la presencia consciente del Testigo. Esta integración permite vivir plenamente, libres de apegos y condicionamientos, reconociendo que ambas perspectivas son necesarias para experimentar la vida en su totalidad.

La imagen ilustra dos estados de conciencia claramente diferenciados: la mujer representa la atención sostenida y la conexión con el presente, mientras que el hombre encarna la distracción y la dispersión mental. La mujer sostiene su taza de té con presencia absoluta, sintiendo su calor, observando el vapor y saboreando cada sorbo con plena conciencia. Su postura es relajada pero atenta, reflejando la claridad del Testigo, esa conciencia que observa sin interferencias. En contraste, el hombre, aunque físicamente presente, está ausente en su mundo interior; su mirada perdida y expresión distante revelan que su mente vaga entre pensamientos, atrapada en recuerdos o preocupaciones futuras. Evidenciando la desconexión con el momento presente y el dominio del Actor.

10

La disolución del actor al priorizar el testigo

Este capítulo aborda la transición del dominio del Actor, caracterizado por la identificación con pensamientos y emociones, hacia la presencia del Testigo, la conciencia pura que observa sin juzgar. Este cambio, facilitado por la meditación no-dual y prácticas diarias, permite disolver la dualidad y vivir con paz, claridad y conexión con el momento presente.

DESCONEXIÓN DEL TESTIGO Y DOMINIO DEL ACTOR

La desconexión del Testigo ocurre cuando la mente queda atrapada en pensamientos de pasado y futuro, generando estrés, sufrimiento y una percepción fragmentada de la realidad. La mente hiperactiva actúa como una prisión, perpetuando el dominio del ego-Actor. La filosofía no-dual propone priorizar la atención hacia el Testigo mediante prácticas como la observación, concentración y la meditación. Esta transición escalonada disuelve la identificación con el ego, revelando una conciencia-presencial pura donde los pensamientos son percibidos como fenómenos pasajeros y sujetos a cambio.

ESTADO DE OBSERVACIÓN DUAL

La meditación no-dual es una herramienta fundamental para fortalecer la presencia del Testigo. En este estado de observación desapegada o atención consciente, la mente, con la práctica, se va aquietando gradualmente, y los pensamientos pierden su influencia. Aunque sigue siendo una práctica dual, permite experimentar una profunda paz y una conexión genuina con el momento presente.

- **Observación sin juicio:** reconocer pensamientos y emociones sin identificarse con ellos.
- **Silencio interno:** crear momentos de quietud para observar el flujo de la mente sin interferir.
- **Anclaje en los espacios entre pensamientos:** percibir el intervalo entre pensamientos como una puerta hacia la conciencia pura.

Estas prácticas no buscan suprimir al Actor, sino integrarlo con el Testigo, permitiendo actuar en el mundo sin quedar atrapado en la vorágine mental. El Actor sigue presente, pero guiado por la claridad y la ecuanimidad del Testigo. Consiste en práctica dual porque el sujeto precisa del objeto para sostener la atención.

PRÁCTICAS DIARIAS PARA INTEGRAR AL TESTIGO

La vida cotidiana ofrece oportunidades para priorizar al Testigo a través de prácticas simples:

- **Autoobservación constante:** notar pensamientos, emociones y reacciones sin juzgar, fortaleciendo la capacidad de comenzar a observar desde el Testigo.
- **Recordatorios físicos:** utilizar objetos como pulseras o notas en el móvil para recordar mantener la atención en el presente.
- **Ejercicios de "soltar":** dejar ir pensamientos intensos como un río que fluye, sin aferrarse ni resistirse.

Sumergirse en la Presencia. La imagen del buzo en las profundidades simboliza la forma en que debemos movernos por la vida: atentos, presentes y en armonía con el entorno. Al igual que el buzo controla su respiración y observa con claridad el paisaje marino, podemos entrenarnos para habitar cada momento con plena conciencia. Practicar la autoobservación sin juicio nos ayuda a reconocer cuando la mente divaga, permitiéndonos regresar al presente con suavidad. Pequeños recordatorios físicos, como una pulsera o una nota, pueden ayudarnos a reconectar con el Testigo. Al soltar pensamientos obsesivos como si fueran burbujas ascendiendo en el agua y cultivar la meditación diaria, integramos la presencia en cada acción. Así, la vida se convierte en un océano de serenidad y claridad.

(Desde joven practiqué la inmersión libre, explorando las profundidades del mar tanto de día como de noche. En mi villa, Laredo, siempre tuve un pequeño barco y un hombre mayor (El Maestrillo) que me acompañaba, remando mientras yo buceaba. Ya entonces enseñaba y practicaba yoga y meditación no-dual, pero fue en estas inmersiones donde experimenté uno de los ejercicios de concentración y atención más profundos de mi vida. Descubrí que la felicidad y el estado de ánimo positivo que me invadían durante y después de cada inmersión no eran casuales: se debían a la ausencia total de pensamientos y a la atención sostenida mientras buceaba. Allí, en el silencio del océano, comprendí que meditar no es solo sentarse en quietud, sino estar completamente presente en cada acto de la vida diaria).

- **Meditación diaria:** establecer un tiempo dedicado a la práctica para profundizar la conexión con la atención.
- **Vivir en presencia plena:** actuar con atención total en actividades cotidianas, como caminar o comer, integrando al Actor y al Testigo.

Estas prácticas diarias fomentan un cambio gradual en la percepción, donde la vida se experimenta con mayor paz y desapego.

LA NO-DUALIDAD COMO EXPERIENCIA DIRECTA

La no-dualidad no es una teoría abstracta ni un rechazo de la vida cotidiana. Por el contrario, invita a **Fusionar al Hacedor y al Contemplador** como aspectos complementarios de una misma realidad.

- **Reconocimiento de la impermanencia:** observar cómo pensamientos y emociones aparecen y desaparecen, revelando su naturaleza transitoria de las cosas.
- **Contemplación del espacio:** percibir el espacio entre dos pensamientos como un reflejo vacío de la unidad subyacente.
- **Observación con los ojos abiertos:** observar el entorno como una extensión de uno mismo, disolviendo la percepción de separación.
- **Autoindagación:** preguntarse "¿Quién observa?" cuando estoy pensando o estoy dialogando solo, conmigo mismo, para profundizar en la experiencia del Testigo.

Estas prácticas ayudan a trascender la dualidad y a vivir desde una perspectiva más amplia, donde la identificación con el ego se disuelve y la presencia interna prevalece.

TRANSFORMACIÓN DEL ACTOR Y EL TESTIGO

El Actor y el Testigo no representan realidades distintas, sino manifestaciones de una misma esencia. La práctica constante permite experimentar sin duda este hecho:

Reconocer al Actor como una manifestación transitoria, guiada por el Testigo (como si estuviera detrás del actor).

Experimentar una integración natural entre acción y conciencia-presencial, donde las acciones surgen de manera espontánea y sin esfuerzo.

Disolver la percepción de dualidad, viviendo con mayor conexión y autenticidad el momento presente.

Al priorizar al Testigo, las barreras entre el "yo" y los demás se desvanecen, revelando una interconexión en forma de atención y conocimiento profunda con toda la existencia.

DESMITIFICACIÓN DE LA NO-DUALIDAD

La no-dualidad no es algo reservado a unos pocos ni un estado místico inalcanzable. Es una experiencia accesible mediante la práctica constante y el enfoque consciente.

- **No implica abandonar al Actor:** la acción sigue siendo parte de la vida, pero sin la carga del ego aislado.
- **Integra mente y cuerpo:** en lugar de rechazar el mundo, la no-dualidad invita a verlo desde una perspectiva unificadora.
- **Presencia accesible:** todos tienen la capacidad de conectar con el Testigo, transformando la percepción de la realidad.

La práctica diaria de la no-dualidad, en particular el primer paso la observación, facilita la trascendencia de la ilusión de separación entre sujeto y objeto, permitiendo vivir con mayor atención.

La fusión del Actor con el Testigo no supone su eliminación, sino compartir un mismo espacio sin excluirse mutuamente en la misma conciencia. La meditación no-dual y las prácticas de atención presencial permiten experimentar una vida equilibrada, donde el ego no domina la experiencia. El Testigo y el Actor se funden en una unidad, trascendiendo la dualidad y revelando una realidad unificada. Este estado, caracterizado por la paz, la claridad y la unión, marca el inicio de una auténtica meditación no-dual, donde el Ser se reconoce como pura presencia sostenida o atención continua y estable.

La Conciencia-Testigo está presente en todos los estados mentales sin esfuerzo ni intención; no es algo que deba buscarse en un estado específico. Siempre está en el trasfondo, como un observador silencioso y constante. No se ausenta, ya que es la esencia misma de tu ser. Por ello, puedes ser consciente en todo momento de tus pensamientos, emociones, cuerpo y entorno, sin necesidad de esperar ni anticiparte. El Actor se mueve en la acción y el cambio, pero el Testigo permanece inmutable, abrazando e integrando cada experiencia.

La imagen muestra a un monje zen en profunda concentración interna, absorbiendo cada palabra y respiración con total presencia. Su postura y expresión reflejan quietud y claridad, en contraste con las figuras difusas a su alrededor, que simbolizan la mente dispersa. Este estado de plena conciencia no es exclusivo de unos pocos, sino accesible a cualquiera que cultive la práctica de la atención y el enfoque sostenido. A través de la disciplina y la voluntad, es posible entrenar la mente para permanecer en el presente, liberándose del flujo incesante de pensamientos y encontrando serenidad y la felicidad en la experiencia del ahora.

II

La danza cotidiana del testigo y el actor

En este capítulo exploramos el instante en que el Testigo y el Actor se disuelven, revelando una experiencia de unidad más allá de la dualidad. Al desaparecer la separación entre quien percibe y lo percibido, la conciencia se transforma en pura presencia sin esfuerzo ni intención personal.

Cuando el Testigo y el Actor dejan de existir como dualidad, surge una conciencia pura sin identidad fija. La despersonalización comienza, revelando una presencia natural que fluye libremente. Esta experiencia desafía la mente dualista, que divide la experiencia en sujeto y objeto. Superar esta fragmentación implica enfrentar varios obstáculos internos.

OBSTÁCULOS EN EL CAMINO HACIA LA UNIDAD

1. **Apego a la identidad individual**: refuerza la ilusión de separación y dificulta la experiencia de la atención y conocimiento de la conciencia Testigo.
2. **Identificación con el cuerpo y el mundo objetivo**: mantiene la dualidad entre el Testigo y el Actor.
3. **Resistencia al vacío y la incertidumbre**: el miedo a perder el sentido de identidad refuerza la dualidad.

4. **Deseo de control, intención o esfuerzo**: el intento de controlar emociones y circunstancias genera tensión y separación y da vida al propio Actor.

5. **La identificación con el sufrimiento y la falta de aceptación:** mantienen al Actor atrapado en un ciclo repetitivo de dolor.

6. **Miedo a la disolución del ego**: impide que el Actor se rinda a la presencia del Testigo.

7. **Paradoja de la acción sin Actor**: actuar sin identificarse con el "yo" permite que la acción sea espontánea y libre de ego. El hacedor realiza, pero sin atribuirse autoría.

8. **Miedo a la despersonalización**: surge al separarse del ego, pero permite descubrir una esencia más allá del "yo". Al observarse únicamente desde la conciencia-Testigo, el yo se diluye, lo que puede generar ansiedad.

Estos obstáculos no son barreras externas ni defectos personales, sino facetas naturales de la mente condicionada que aún se aferra al Actor. El Testigo, observando sin juzgar, facilita la disolución de estas resistencias. Los obstáculos, más que ser problemas a resolver, se convierten en maestros silenciosos que revelan aspectos de nuestra mente condicionada.

SUPERAR LOS OBSTÁCULOS DE LA DUALIDAD ENTRE TESTIGO Y ACTOR

Superar los obstáculos en la concentración y meditación no dual requiere rendir la mente y el "yo" controlador. En esta práctica, la atención se dirige hacia sí misma sin esfuerzo, permitiendo que el conocimiento emerja naturalmente, sin intervención del "yo". Es un estado donde el Actor desaparece y el Testigo simplemente es. No se trata de buscar atención o transformar algo, sino de permitir que la atención y el conocimiento se revelen en su pureza, libres de interferencias, reflejando la conciencia natural.

1. **Rendirse al Testigo**: permitir que la atención se dirija a sí misma y el conocedor se reconozca, sin esfuerzo. Este acto revela un conocimiento puro que no depende del "yo".

La imagen muestra una orquesta en plena ejecución, pero dentro de ella coexisten dos formas de estar: algunos músicos tocan con total presencia, fluyendo con la música, relajados y atentos, mientras que otros aparecen tensos, con esfuerzo, sus rostros reflejando distracción y lucha interna.

Este contraste simboliza la diferencia entre vivir desde el Testigo o el Actor. En cualquier trabajo u ocupación, podemos actuar con presencia plena, como los músicos en armonía con la batuta del director, sintiendo cada instante sin esfuerzo. O podemos estar como los distraídos, atrapados en pensamientos, intentando controlar y forzando cada acción. La clave no es la tarea en sí, sino desde dónde la vivimos.

2. **Despersonalizar la experiencia**: el conocimiento surge por si solo cuando no hay un "yo" intentando comprender. La sabiduría se revela en ausencia de esfuerzo personal. La paradoja es el conocimiento no es algo que el Actor posee

3. **Rendición del hacedor**: Abandonar la identificación con el Actor permite que las acciones ocurran de manera espontánea y natural, es el principal obstáculo.

4. **Desconectar el cuerpo y los sentidos**: soltar el apego al mundo objetivo elimina la dualidad entre el observador

y lo observado. Esto no significa ignorar el cuerpo o las experiencias sensoriales, sino reconocer que el verdadero foco de la meditación no depende de ellos. **Permitir que la conciencia florezca**: Renunciar al deseo de experiencias espirituales permite que la unidad se manifieste sin intervención del "yo". Uno de los mayores obstáculos es el deseo de tener experiencias espirituales o lograr un estado de iluminación.

LA LIBERTAD ESTÁ MÁS ALLÁ DEL ESFUERZO

La meditación no-dual invita a una rendición total, donde el control y el esfuerzo desaparecen. Este descanso natural en la esencia de la conciencia revela la unidad más profunda. En este estado, el Actor y el Testigo se integran, y la vida fluye sin resistencia ni separación de los conceptos o cosas externas o internas. Los obstáculos no se superan mediante el esfuerzo, sino a través de la disolución de la identificación con el Actor, dejando que la conciencia florezca en su estado natural.

La experiencia directa del Ser trasciende los conceptos y las explicaciones. La meditación no-dual es un viaje hacia la libertad, la paz y el amor incondicional. Es un redescubrimiento de algo que siempre ha estado presente: la totalidad de la conciencia Testigo silenciosa que simplemente es.

Por otro lado, La autoindagación es una práctica central en el Advaita Vedanta que busca desentrañar la verdadera naturaleza del Ser mediante preguntas introspectivas como "¿Quién soy yo?". Esta técnica dirige la atención hacia la conciencia pura (pero no dejan de ser solo preguntas), más allá de las identificaciones con el cuerpo y la mente. Ramana Maharshi, destacado maestro de esta tradición, enfatizó la autoindagación como camino directo hacia la realización del Ser. Otros maestros, como Nisargadatta Maharaj y H.W.L. Poonja (Papaji), también promovieron esta práctica, guiando a sus discípulos hacia la experiencia directa de la no-dualidad y la conciencia universal.

Este enfoque busca dirigir la atención hacia la verdadera naturaleza del ser, más allá de las identificaciones con el cuerpo y la mente. Se busca que la mente regrese a su fuente y los pensamientos se aquieten, permitiendo la realización de la conciencia pura.

1. ¿Quién es consciente de mis pensamientos en este momento?
2. ¿Qué es lo que observa mis emociones sin identificarse con ellas?
3. ¿Quién soy yo más allá de mi cuerpo y mente?
4. ¿Qué es lo que permanece constante mientras todo a mí alrededor cambia?
5. ¿Quién es el observador de mis sueños y de mi estado de vigilia?
6. ¿Quién percibe el silencio detrás de los sonidos?
7. ¿Qué es lo que está presente antes de que surja un pensamiento y después que este haya muerto?
8. ¿Qué es lo que observa mi respiración sin controlarla?
9. ¿Qué es lo que permanece inmutable mientras mis estados de ánimo fluctúan?
10. ¿Quién observa el flujo de mis pensamientos sin ser arrastrado por ellos?
11. ¿Qué es lo que se da cuenta de la quietud en medio de la actividad?
12. ¿Qué es lo que está presente incluso en la ausencia de pensamientos?
13. ¿Quién percibe el espacio en el que ocurren todas mis experiencias?
14. ¿Qué es lo que se da cuenta de mi existencia sin necesidad de palabras?

Estas preguntas están diseñadas para dirigir la atención hacia la conciencia pura que subyace a todas las experiencias, facilitando una exploración profunda de la verdadera naturaleza del ser desde la perspectiva no dual.

Estas otras son una serie de preguntas diseñadas para profundizar en la meditación, enfocadas en la autoindagación del Testigo y la Atención:

1. ¿Puede la conciencia ser consciente de sí misma sin intermediarios?
2. ¿Es posible que la atención se observe a sí misma en este instante?
3. ¿Quién es el que percibe la percepción misma?
4. ¿Puede el conocedor reconocerse sin identificarse con lo conocido?
5. ¿Qué es lo que atestigua la presencia en ausencia de objetos?
6. ¿Es la atención consciente de su propia existencia?
7. ¿Quién observa al observador en mí?
8. ¿Puede el Testigo ser testigo de sí mismo sin dualidad?
9. ¿Qué es lo que se da cuenta de la conciencia en este momento?
10. ¿Puede la percepción percibirse a sí misma directamente?
11. ¿Quién es el sujeto último que conoce al conocedor?
12. ¿Es la presencia consciente de su propia presencia?
13. ¿Puede la atención dirigirse hacia sí misma sin fragmentación?
14. ¿Quién es el que se da cuenta del darse cuenta?
15. ¿Puede el Testigo reconocerse sin objeto de observación?
16. ¿Qué es lo que permanece cuando la atención se atiende a sí misma?
17. ¿Es la conciencia consciente de su propia naturaleza?
18. ¿Puede el conocedor conocerse sin dualidad?
19. ¿Quién observa la fuente de la atención en mí?
20. ¿Puede la percepción volverse hacia su origen y reconocerse?

Estas preguntas están diseñadas para dirigir la atención hacia la conciencia misma, facilitando una exploración profunda de la verdadera naturaleza del ser desde la perspectiva no dual.

Las siguientes preguntas están diseñadas para profundizar en la autoindagación, enfocadas en la autoobservación del Testigo, la atención y el conocedor.

1. ¿Qué es lo que se da cuenta de la propia capacidad de darse cuenta?
2. ¿Qué es lo que reconoce la esencia del reconocimiento en mí?
3. ¿Puede la conciencia experimentar su propia presencia sin intermediarios?

La imagen representa el acto de autoindagación en la vida cotidiana. Una mujer medita cómodamente en su hogar, inmersa en preguntas que profundizan en la naturaleza de la conciencia. Estas cuestiones no buscan respuestas intelectuales, sino despertar la percepción directa del Testigo, la presencia que observa sin esfuerzo. En la no-dualidad, estas preguntas disuelven la identificación con el ego y revelan que el conocedor y lo conocido son lo mismo. Como la luz y la sombra en la imagen, el pensamiento y la conciencia coexisten, pero solo la atención pura permite reconocer la esencia pura del Ser, más allá de la mente.

4. ¿Quién es el que se percata de la fuente de la percepción?

5. ¿Qué es lo que se observa a sí mismo en el acto de conocer?

6. ¿Puede la atención enfocarse en su propia existencia?

7. ¿Quién es el que se da cuenta de la conciencia en este instante?

8. ¿Qué es lo que contempla la naturaleza de la contemplación?

9. ¿Puede el perceptor percibir su propia esencia?

10. ¿Quién es el que atestigua el proceso de atestiguar?

11. ¿Qué es lo que se reconoce en el acto de autoindagación?
12. ¿Puede la presencia ser consciente de su propia presencia?
13. ¿Quién es el que observa la manifestación de la atención?
14. ¿Qué es lo que se da cuenta de la existencia del conocedor?
15. ¿Puede la percepción identificar su propia fuente?
16. ¿Quién es el que se percibe en el acto de percibir?
17. ¿Qué es lo que reconoce la presencia del Testigo en mí?
18. ¿Puede la conciencia volverse consciente de su propia luz?

Estas preguntas están diseñadas para dirigir la atención hacia la esencia misma de la conciencia y facilitar una exploración profunda de la verdadera naturaleza del ser desde la perspectiva no dual.

Escuchar verdaderamente a alguien requiere la fusión del Testigo y el
Actor en la concentración sostenida en el momento presente. El Testigo
observa sin juzgar, mientras el Actor participa activamente en la
conversación. Cuando prestamos atención real, sin distracciones ni
juicios, damos espacio al otro para expresarse con claridad. Mirar a la
persona a los ojos, sin perderse en pensamientos o respuestas
anticipadas, fortalece la conexión genuina. La mente dispersa
interrumpe, mientras que la presencia total permite comprender más
allá de las palabras. Escuchar en silencio, desde la calma del Testigo y la
interacción del Actor, transforma la comunicación en un acto
de verdadera comprensión y presencia, fortaleciendo relaciones y el arte
de vivir conscientemente.

12

La fusión del testigo y el actor en la concentración

El Testigo representa la esencia de la conciencia pura, ese espacio silencioso donde todo pensamiento, emoción o acción ocurre sin que él mismo participe. Su función no es controlar ni intervenir, sino saber y percibir con imparcialidad, iluminando cada experiencia.

Cuando el Testigo se reconoce como el trasfondo de toda experiencia, el Actor queda liberado del peso del ego y la identificación con el yo. En este estado, las acciones surgen espontáneamente desde una sabiduría intuitiva, sin interferencia de pensamientos reactivos.

El Actor, por su parte, es la expresión dinámica de la conciencia en el mundo. Es quien parece realizar acciones, pensar y decidir, pero en la perspectiva no-dual se entiende que estas acciones no son independientes, sino manifestaciones del mismo Testigo (que vive detrás). La dualidad surge cuando el Actor se percibe como un "yo" separado que busca controlar la realidad, generando sufrimiento y tensión.

La creencia en un Actor separado del Testigo genera sufrimiento al alimentar el deseo de control, la lucha por el logro y el miedo al fracaso. Cuando se comprende que el Actor no está separado, sino que es una expresión del Testigo, se disuelve la tensión y las acciones ocurren con fluidez. Esta unidad se experimenta como un flujo continuo en el que percibir y actuar ya no son actividades diferentes, sino una misma expresión de la conciencia ya que en todo momento actúa la atención y el conocimiento.

Obstáculos en el camino hacia la unidad: la integración del Testigo y el Actor presenta varios retos que surgen de la mente condicionada, programada o psique atrapada en patrones de conducta:

1. **Apego a la identidad del ego**: la identificación con una identidad fija y atrapada en narrativas mentales refuerza la ilusión de separación, y obstaculiza la experiencia de unidad.
2. **Miedo a la incertidumbre**: surge del temor a perder el control, generando resistencia a soltar la identificación con el "yo".
3. **Ilusión del control**: la creencia de que se puede manejar cada aspecto de la vida refuerza la tensión y dificulta el flujo natural.
4. **Resistencia al vacío**: el miedo al silencio interior impide el descanso en la conciencia-Testigo pura.
5. **Identificación con el sufrimiento**: atrapados en ciclos de emoción y reacción, el Actor se percibe como separado, perpetuando la dualidad.

Estos retos no son defectos, sino manifestaciones naturales de la mente que se superan al observarlas desde el Testigo. Este acto de atención permite que los obstáculos se disuelvan sin lucha.

Superar los obstáculos a través de la práctica no-dual

1. **Rendir el ego al Testigo**: la atención pura no requiere a nadie que la gobierne. Al dirigirla hacia sí misma, atención y conocimiento unidos se revela sin la intervención de un "yo".
2. **Reconocer la unidad esencial**: al despersonalizar la experiencia, se disuelven las barreras entre el Actor y el Testigo.
3. **Desconectar de la identificación sensorial**: soltar el apego a los sentidos y al mundo objetivo elimina la dualidad.
4. **Aceptar el fluir de la vida**: renunciar al control abre espacio para que la conciencia opere libremente, sin resistencia ni tensión.

Cuando el Testigo y el Actor se reconocen como una misma realidad, la vida se transforma en un flujo natural y armonía. El Actor actúa desde el presente, guiado por la claridad del Testigo, sin cargas

La imagen refleja que la concentración interna no depende del lugar, sino de la calidad de la atención. Ya sea en un campo abierto o en una sala cerrada, la verdadera concentración no-dual consiste en descansar la atención en la misma atención, sin esfuerzo ni distracción. No se trata de enfocarse en un objeto, sino de permitir que la conciencia repose en sí misma, sin interferencias del pensamiento. En este estado, la meditadora no busca nada, simplemente es. Así, la presencia consciente se manifiesta plenamente, disolviendo la separación entre el observador y lo observado, revelando la quietud del Testigo.

del pasado ni ansiedad por el futuro. Este reconocimiento disuelve la sensación de separación y permite vivir con autenticidad y libertad.

LA CONCENTRACIÓN NO-DUAL

La transición de la observación dualista a la concentración no-dual marca un punto crucial en la práctica espiritual. En la concentración no-dual, la atención deja de dirigirse hacia algo externo y se repliega sobre sí misma, reconociéndose como el fundamento de toda experiencia. El Testigo, despojado de identidad personal (Actor), se experimenta como la propia presencia consciente o atención pura enfocada.

Este estado no implica desconexión del mundo, sino una integración total donde cuerpo, mente y sentidos se comprenden como intermediarios dentro del campo de la conciencia. La atención pura ilumina el flujo de la vida sin intervenir, revelando su unidad inherente.

VIVIR DESDE EL TESTIGO Y EL ACTOR

En la concentración no-dual, el Testigo y el Actor se integran en un equilibrio perfecto. La atención pura no busca controlar ni juzgar, sino simplemente estar presente y saber que se sabe en cada momento. Esto permite que las acciones del Actor sean espontáneas y alineadas con la atención vigilante.

La vida se experimenta como una expresión continua de unidad, donde cada acción, pensamiento y emoción son bienvenidos como parte del flujo natural de la existencia. Desde esta perspectiva, el Testigo y el Actor no son opuestos, sino expresiones de la misma conciencia, siempre presentes y unificadas en una atención pura, clara y despierta.

EL TESTIGO Y LA DISOLUCIÓN DEL PENSAMIENTO

Por ejemplo, con los ojos cerrados, comenzamos a dirigir la mirada hacia adentro. De repente, surge un pensamiento. Lo primero es no controlarlo ni enfrentarse a él; simplemente, permítele manifestarse. Tarde o temprano, el pensamiento se disolverá. Cuanta más experiencia práctica tengas, más rápidamente desaparecerá. Solo con darte cuenta —es decir, cuando el Testigo toma conciencia de su presencia—, la propia atención ocupa su lugar de forma natural, sin esfuerzo ni intención. Entonces, la atención fluye de manera continua e invariable.

En ese estado, el Testigo se testifica a sí mismo; el conocedor se reconoce como el propio conocimiento. Primero te concentras en el pensamiento si lo hay, y al disiparse, solo queda atención la pura, que se atiende a sí misma. El resultado es una acción libre de dualidad, donde únicamente la atención y el conocimiento están presentes; No hay nadie más, solo el Testigo en su estado puro.

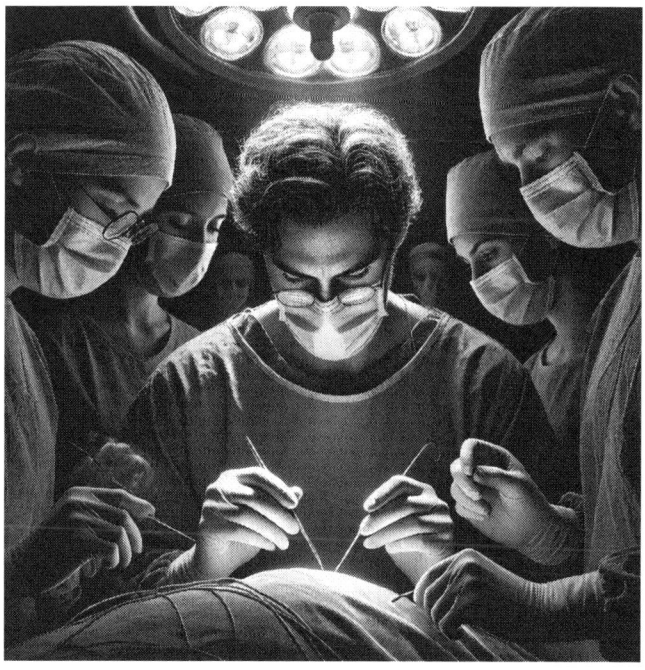

La imagen del neurocirujano operando representa la auténtica concentración sostenida, donde no hay espacio para la distracción. Su atención descansa completamente en la acción, sin esfuerzo, sin división entre el hacedor y lo hecho. Esta misma concentración no-dual se encuentra en diversas áreas de la vida: un músico inmerso en su interpretación, un artesano moldeando con precisión, un atleta en su máximo rendimiento o un maestro transmitiendo conocimiento. En estos momentos, la mente no interfiere, solo hay presencia pura. Cuando la atención descansa en sí misma, el Testigo y el Actor se fusionan, revelando la profundidad del ahora, donde todo sucede con claridad y perfección.

LA ESENCIA

Hasta que no comencemos a experimentar estos estados de manera directa y genuina, todo lo que practicamos estará lejos de ser verdadera meditación. La meditación no es un ejercicio mental ni una técnica aislada; es un estado en el que la atención, despojada de todo esfuerzo, se sumerge en el presente continuo y revela la realidad no-dual. Para ello, es crucial comprender la dinámica entre el Actor y el Testigo, y cómo este proceso trasciende la dualidad.

En la experiencia ordinaria, el Actor vive atrapado en la ilusión de separación. Sus acciones están condicionadas por pensamientos, emociones y reacciones al mundo objetivo. Sin embargo, detrás de toda experiencia, existe un Conocedor Primario, el Testigo, cuya naturaleza es pura conciencia. Este Testigo no es un participante en la experiencia; no interviene ni modifica, sino que simplemente lo abarca todo.

La clave de la meditación no dual es permitir que la atención se desobjetiva, es decir, que no se fije en ningún objeto específico —ni pensamientos, ni sensaciones, ni percepciones externas. En ese estado de atención desobjetivada, el Testigo se revela a sí mismo como la base inmutable de toda experiencia. La verdadera meditación, desde esta perspectiva, no es una práctica que uno realiza, sino un reconocimiento del Testigo que ya está presente. No se trata de alcanzar algo nuevo, sino de desvelar lo que siempre ha sido.

En última instancia, la meditación no dual consiste en desvelar la verdad subyacente de nuestra naturaleza interior: el Testigo, el conocedor primario, que trasciende todas las formas y dualidades. Cuando la atención se libera de su fijación en objetos externos (atención con atributos) y se vuelve hacia sí misma consiste en una meditación sin atributos, emerge el Testigo oculto en nuestro interior. Así, la práctica se convierte en un camino de retorno a lo esencial, donde la meditación deja de ser una técnica y se convierte en la expresión natural del Ser.

Tenemos dos ejemplos que nos ayudan a reconocer cómo limitamos nuestra verdadera naturaleza y la percibimos erróneamente como algo limitado y separado. Este error no es más que una ilusión o ignorancia. Por ejemplo, no podemos afirmar que el espacio interior de una casa está realmente limitado por sus paredes exteriores. De manera similar, el espacio dentro de una jarra de arcilla no está confinado únicamente a sus bordes. Tanto la casa como la jarra existen dentro de un espacio más vasto, un espacio exterior que las contiene. De este modo, nada dentro de este espacio puede limitar al espacio infinito que está fuera.

De igual forma, la verdadera conciencia, el Testigo, es como ese espacio infinito que todo lo abarca. Sin embargo, las apariencias del yo, el ego y la mente parecen limitarla, como si nuestra esencia estuviera confinada dentro de esas paredes ilusorias. Esto nos lleva a creer que el yo conocido, esa identidad condicionada, es nuestra única realidad. Pero esta percepción es una superposición que oculta la verdad última: la consciencia ilimitada que somos en esencia.

La imagen representa la esencia de la meditación no-dual: la conciencia
que observa sin esfuerzo, tanto el mundo interior como el universo.
La figura en meditación simboliza el Testigo, la presencia eterna que
percibe sin juicio ni separación. Al cerrar los sentidos y dejar atrás la
identidad del Actor, se revela la unidad con el todo. La iluminación en la
imagen destaca esta fusión entre lo interno y lo externo, mostrando que
el Testigo está en todas partes, pero solo dentro podemos experimentarlo
directamente. La práctica meditativa nos lleva a este reconocimiento,
disolviendo la ilusión de separación y permitiéndonos descansar en el Ser.

13

Meditación: testigo de sí mismo y del universo

La meditación no-dual es el reconocimiento directo de nuestra verdadera naturaleza como el Testigo imparcial y eterno, una conciencia pura que percibe sin esfuerzo ni juicio. Este estado trasciende la acción del Actor, el "yo" que lucha y busca, revelando una presencia abierta y constante. No es una práctica de hacer, sino de ser: una forma de descansar internamente en lo que ya somos, donde atención y conocimiento surgen sin distracción ni división.

La meditación en la Conciencia-Testigo es un proceso de mirar hacia el interior, donde reside nuestra verdadera esencia. Cerrando los sentidos y dejando atrás las identificaciones del Actor, reconocemos al Testigo, la presencia que observa sin juicio. Aunque el Testigo está en todas partes, solo dentro de nosotros podemos experimentarlo directamente. Este reconocimiento revela que el Actor y el Testigo no son dos, sino expresiones de una misma realidad. La práctica nos conduce a una paz profunda al disolver la ilusión de separación y vivir desde el Ser.

"Aunque el Testigo está en todas partes, solo dentro de nosotros podemos experimentarlo directamente" es una expresión clave dentro del Advaita y otras tradiciones no-duales.

En el *Brihadaranyaka Upanishad* (3.7.23) se menciona: *"Él es el Testigo supremo, el conocedor interno, el único libre de cambio, el que todo lo penetra, el que todo lo gobierna."*

Aunque la conciencia está en todas partes, solo podemos darnos cuenta de ella en nuestro interior, porque es la base de nuestra propia percepción. No es algo externo que podamos buscar o encontrar en el mundo.

Clausurando los sentidos y soltando las identificaciones del Actor, el Testigo se revela como un perceptor constante. Aunque está en todo como el espacio infinito, solo lo descubrimos en nuestro interior. La práctica nos muestra que el Actor y el Testigo son una misma y única realidad.

CARACTERÍSTICAS FUNDAMENTALES DE LA MEDITACIÓN NO-DUAL

1. El Testigo observa y se observa sin esfuerzo mientras el Actor desaparece.
2. La meditación no implica separación entre quien medita, lo meditado y el acto de meditar; todo es una unidad indivisible.
3. Es el silencio absoluto del ego, donde la atención se reconoce como conciencia ilimitada.
4. Surge cuando el Actor deja de interferir, permitiendo que el Testigo sea el espacio único de atención universal.
5. Representa un saber directo y no conceptual, una presencia pura que no proviene del análisis o del razonamiento.
6. Meditar es permitir que la atención fluya desde la calma del Testigo, como un espejo sereno que refleja la vida sin ser afectado por las olas inquietas del Actor.

La meditación no-dual no se busca ni se alcanza, sino que sucede naturalmente al permitir que la conciencia-Testigo se revele por sí misma.

ETAPAS DE LA MEDITACIÓN NO-DUAL

La meditación no-dual es el resultado de un proceso progresivo que integra tres etapas:

1. **Observación:** el Actor observa pensamientos y emociones sin reaccionar, permitiendo que el Testigo emerja de forma incipiente como el espacio entre pensamientos.
2. **Concentración:** el Actor se disciplina y elimina distracciones, aunque aún se identifica con el "hacedor". El Testigo empieza

En la vida diaria, sin darnos cuenta, podemos transitar por las tres etapas de la meditación no-dual. Al caminar, trabajar, ver una película o escuchar música, a veces simplemente observamos lo que ocurre sin intervenir; otras veces nos concentramos intensamente en lo que hacemos, y en ocasiones vivimos un instante de presencia total, donde la mente desaparece y solo queda el acto de atención puro. La imagen refleja estos tres estados: observación atenta, concentración activa y meditación profunda, en tres personas que caminan, pero desde diferentes niveles de conciencia. Estas etapas no son exclusivas de la práctica formal; pueden experimentarse en cualquier momento cuando dejamos de identificarnos con el hacedor y permitimos que el Testigo emerja con naturalidad.

a distinguirse como la conciencia que trasciende este esfuerzo. La atención se atiende y el conocedor se reconoce.

3. **Meditación profunda:** la atención se universaliza y se establece firmemente como el centro vacío que lo abarca todo, tanto interna como externamente. El Testigo se reconoce como la base de toda experiencia percibida.

LA ATENCIÓN COMO NÚCLEO DE LA MEDITACIÓN NO-DUAL

- **Atención sin esfuerzo:** la meditación no requiere un "yo" que sostenga la atención; esta fluye de manera natural.
- **Conocimiento directo:** el Testigo no necesita interpretar la experiencia; simplemente la conoce en su totalidad.
- **Unidad de lo interno y externo:** la atención se convierte en una luz que abarca todo, eliminando las divisiones ilusorias entre mundo interno y externo.

La atención, cuando se atiende a sí misma, revela la conciencia-Testigo como el espacio universal donde todo ocurre.

DIFICULTADES Y AVANCES EN LA MEDITACIÓN

Al principio, la meditación no-dual aparece como breves destellos donde el Testigo emerge. Con práctica, se convierte en un estado sostenido, donde el Testigo es la constante presencia atenta y el Actor se disuelve.

- **Momentos iniciales:** breves instantes de reconocimiento del Testigo.
- **Progresión:** la meditación se revela como un estado más continuo, donde "tú" desapareces y solo queda el Testigo.
- **Estado de presencia experiencial:** con miles de horas de práctica meditativa, la atención y el conocimiento fluyen de manera continua y estable, tanto interna como externamente. El Testigo y el Actor se integran, manifestando unidad en cada experiencia presente.
- **Autentica meditación no-dual:** el Actor, con su necesidad de saber y hacer, por fin se disuelve. La dualidad desaparece, quedando solo la conciencia-Testigo, serena luminosa y autoluminosa, la atención y el silencio convergen, el Testigo se revela a si mismo, más allá del Actor.

La meditación no-dual no es un acto de voluntad, sino una revelación natural que ocurre cuando cesa la identificación con el Actor.

PRÁCTICAS PARA DESPERTAR AL TESTIGO

1. La práctica del "no-hacer": permitir que todo suceda sin intervención del Actor, dejando que el Testigo emerja.

2. Escucha consciente: usar sonidos como anclas para escuchar, diferenciando entre Testigo y Actor.

3. El espejo interno: ver pensamientos y emociones como reflejos en un espejo; reconocer al Testigo (la imagen del espejo limpia) como el espacio que los contiene sin identificarse con ellos.

4. Pregunta del Testigo: preguntarse "¿Quién percibe?" y centrar la atención en la conciencia-Testigo misma.

5. Meditación con ojos abiertos: observar el mundo como una película donde el Testigo es el espectador, integrando esta percepción en la vida diaria.

La imagen muestra a un practicante que ha salido a caminar al monte y se ha detenido en silencio junto al río, bajo un árbol. No busca nada fuera, simplemente se sienta y permite que la atención repose en sí misma. No observa objetos ni pensamientos, sino que se vuelve hacia su propia fuente.
En ese instante, no hay hacedor ni meta: solo presencia. El entorno natural, silencioso y abierto, acompaña este estado de atención pura.
Así, el Testigo emerge con claridad, y la conciencia se reconoce como espacio donde todo ocurre, en unidad con lo interno y lo externo.

LA ATENCIÓN QUE SE ATIENDE A SÍ MISMA

Este enfoque ayuda a experimentar la conciencia que es consciente de sí misma:

1. **Reconocer la atención:** ser consciente del acto de atender.
2. **Atender al que atiende:** enfocar la atención en su propia fuente.
3. **Descansar en el Testigo:** permanecer en el estado de ser el espacio donde todo ocurre.
4. **Expansión universal:** abarcar tanto lo interno como lo externo en un único campo de atención o Testigo.

Este proceso culmina en un estado donde la atención y el Testigo se funden en una unidad inseparable.

INTEGRACIÓN DE LA MEDITACIÓN EN LA VIDA DIARIA

La meditación no-dual no es un estado separado de la vida cotidiana. Se trata de integrar la conciencia del Testigo en cada acción y experiencia.

1. **Actuar sin identificación:** realizar tareas con plena atención, sin apego al "yo" que las realiza.
2. **Observar desde el Testigo:** notar pensamientos y emociones sin involucrarse en ellos.
3. **Respuesta consciente:** responder desde la claridad del Testigo, no desde la reactividad del Actor.

La práctica constante permite que el Testigo se mantenga presente incluso en medio de las actividades del día a día.

EL ACTOR Y EL TESTIGO: UNA DANZA ARMÓNICA

La meditación no-dual muestra que el Actor y el Testigo no están separados. En la práctica:

- El Actor actúa en el mundo, pero sus acciones son guiadas por la claridad del Testigo.
- El Testigo observa sin intervenir, permitiendo que la acción surja de manera espontánea.
- La identificación con el Actor se disuelve, dejando solo una presencia consciente que actúa sin esfuerzo.

La imagen retrata una misión extrema donde la vida está en juego. El bombero actúa con determinación en medio del caos, guiado por una atención absoluta. En situaciones así, no hay espacio para la distracción: cada segundo exige presencia total. Esta capacidad de permanecer enfocado en medio del peligro es el fruto de una mente entrenada en desarrollar la atencion-concentracion. La práctica del Testigo —estar aquí y ahora, sin identificación con el miedo— prepara a cualquier persona para responder con claridad y valentía. En lo externo, fuego; en lo interno, silencio. Así actúa quien vive desde la conciencia Testigo.

LA MEDITACIÓN NO-DUAL COMO ESTADO DE LIBERTAD ABSOLUTA

Cuando el Testigo está plenamente establecido, ya no hay un "yo" que busque ni un Actor que luche. Solo queda la conciencia pura, en paz y en unidad con todo lo que es. Este estado no se alcanza; simplemente se revela al dejar de identificarse con el Actor.

La meditación no-dual transforma la percepción, mostrando que no hay separación entre quien observa y lo observado, entre la atención y el universo. Es una invitación a vivir desde la paz del Testigo, actuando con espontaneidad y claridad en cada momento.

La verdadera meditación no dual se centra en la conciencia-Testigo, la esencia pura de la atención y el conocimiento. Cuando se medita desde esta perspectiva, el objetivo es que la atención y el conocimiento permanezcan completamente presentes, sin distracciones ni intentos de objetivar nada, ya que el Testigo es informe y trasciende toda forma o contenido.

En este estado, la meditación se convierte en un acto de profunda percepción, donde no importa si hay pensamientos o ausencia de ellos. El Testigo sigue estando presente, operando como una atención-presencial pura. Este Testigo no se limita a observar, sino que también se convierte en el foco central de la meditación, unificando la atención y el conocimiento en una experiencia directa cada vez más viva.

Es importante recordar que esta práctica no se trata de controlar o suprimir, sino de permitir que la atención y el conocimiento se mantengan en su forma más pura, sin interferencias. Cuando esto ocurre, el meditador en forma de atención y despersonalizado comienza a percibir el Testigo que no es una entidad separada, sino la propia esencia de la conciencia. En este reconocimiento, la verdadera meditación se revela por si sola, como un estado de libertad natural, donde la atención y el conocimiento son uno con la totalidad de la experiencia.

En una sala de cine podemos observar con claridad la diferencia entre
quienes desarrollan atención sostenida y quiénes no. Algunos espectadores
están tan inmersos en el drama que desaparece la conciencia del cuerpo:
la atención se funde con la escena, hay presencia total. Otros, en cambio,
se distraen, comen, hablan o miran el móvil, fragmentando su
experiencia. Este contraste refleja la dinámica entre el Actor y el Testigo
en la no-dualidad. El Actor distraído se pierde en reacciones y estímulos,
mientras que el Testigo observa sin esfuerzo, completamente presente.
La atención sostenida permite que el Testigo emerja, trascendiendo
la identificación con el yo que actúa. Así, incluso ver una película
se convierte en una práctica de agradable y feliz.

14

La presencia del testigo disuelve al actor

Cuando el Testigo se convierte en un perceptor activo en la vida diaria, el Actor, entendido como el ego o hacedor, comienza a extinguirse. Este proceso ocurre al percibir profundamente el mundo y los objetos sin identificarse con ellos. La separación entre el observador y lo observado por fin desaparecen, dando paso a una interconexión fluida y unida con todo, representada por una verdadera atención.

Este estado no implica desconexión del mundo, sino una participación serena y libre de los condicionamientos del ego. La atención no-dual se desarrolla en tres etapas progresivas: la observación, la concentración y la meditación. Cada una de estas tres prácticas integra de manera natural la conciencia del Testigo en las acciones diarias, transformando cada momento en una experiencia de pura presencia.

La Conciencia-Testigo está presente en todas las experiencias, internas y externas. Sin embargo, cuando practicamos observación, concentración o meditación, debemos dirigirnos hacia el interior, donde el Testigo se revela como el origen de todo. Es como el reflejo en un espejo: para comprenderlo, debemos buscar el espejo mismo, no quedarnos con la imagen reflejada. De igual forma, no debemos confundir la sombra con el árbol que la proyecta.

El Actor se pierde en los objetos y formas del mundo externo, pero el Testigo reside en la profundidad de nuestro Ser. Al mirar hacia dentro, con los sentidos desconectados, descubrimos que el Testigo contiene todo. En cambio, mirar hacia fuera, con los sentidos activos, es fácil que te pierdas en la ilusión de separación sujeto-objetivo o dualidad. La clave está en esa atención interior que trasciende toda dualidad; cuanto más se mantiene en un presente continuo mejor, pues en esa continuidad de la atención presencial se revela la verdadera naturaleza del Ser o Testigo

Cuando el Actor domina la atención, la mente permanece en constante actividad, procesando, evaluando y anticipando. Este estado mental perpetuo contribuye al estrés, la ansiedad y la incapacidad de vivir en el presente. Investigadores como Jon Kabat-Zinn han demostrado que esta hiperactividad mental está relacionada con trastornos psicológicos como la depresión y la ansiedad. La mente se queda atrapada en pensamientos sobre el pasado o el futuro, incapaz de simplemente experimentar ni sostenerse el momento presente.

La meditación no-dual introduce una forma de atención distinta, una que no depende de juicios ni preocupaciones. En lugar de pensar continuamente sobre las experiencias, la meditación permite percibirlas tal como son. Esta percepción directa disuelve las historias mentales que normalmente colorean nuestras vivencias o experiencias.

La atención pura no requiere pensamiento. Imagina caminar por un parque: una mente dominada por el Actor puede pensar "este árbol es bonito" o "me gusta este paisaje", interrumpiendo la experiencia directa atencional. En cambio, una persona que cultiva la atención o Testigo no-dual puede percibir el árbol tal como es, sin juicios ni intervenciones mentales. Esta percepción directa transforma cómo vivimos y experimentamos el mundo, eliminando los filtros mentales.

La meditación no-dual no solo mejora la salud mental al reducir el estrés y la ansiedad, sino que también impacta positivamente el bienestar físico. Disminuye los niveles de cortisol, promueve una respuesta relajada del sistema nervioso y fortalece la corteza prefrontal, mejorando la regulación emocional y la toma de decisiones.

La meditación no-dual no es una práctica aislada, sino una forma de vivir. A medida que el estado de atención pura se extiende a la vida diaria, cada acción y palabra surgen con claridad y presencia. Las acciones ya no están impulsadas por el Actor, sino que emanan del Testigo, transformando la conexión con el mundo y con uno mismo.

La imagen de un piloto aterrizando un avión representa con fuerza la meditación no-dual en acción. Manos firmes en los controles, mirada atenta, respiración medida: no hay espacio para distracciones. En ese instante, el Actor no actúa por impulso, sino que se disuelve en el Testigo. Desde esta atención pura, cada decisión surge sin esfuerzo, sin duda, como una respuesta directa al presente. Así es vivir la meditación no-dual: no como una técnica aislada, sino como una forma de estar en el mundo. El piloto no se identifica con el hacedor, sino que es canal de una conciencia lúcida que observa, actúa y recibe cada momento sin división. El cielo, el control, el instante... son uno.

Este proceso no requiere esfuerzos extraordinarios, sino una práctica constante de observación, concentración y meditación. Gradualmente, la vida se convierte en una expresión de conciencia pura, libre de las interferencias del ego y los pensamientos.

En última instancia, la meditación no-dual nos ofrece una forma de vivir que trasciende la separación entre el sujeto y el objeto. La atención pura se convierte en conocimiento directo, permitiéndonos experimentar la vida tal como es. La mente deja de ser un obstáculo y se convierte en un canal para la percepción clara y directa. La vida, vivida desde el Testigo, se transforma en una danza de pura conciencia, en la que el Actor desaparece y solo queda la unidad con el momento presente como Testigo.

La percepción ordinaria nos divide: un observador aquí, un objeto allá. Esta aparente separación es el juego del Actor, quien se mueve en el teatro del mundo, etiquetando y diferenciando. Sin embargo, al llevar la atención al Testigo —esa presencia silenciosa que observa sin juicio ni apego— comenzamos a vislumbrar la unidad subyacente que siempre ha estado ahí.

Cuando observas un árbol, una emoción o un pensamiento, deja que tu atención repose en el simple acto de ver, sin etiquetar ni analizar. Al hacerlo, notas que no hay un observador separado del árbol o de la emoción: solo hay conciencia, pura y vibrante.

Cuando esta comprensión se profundiza, incluso el Actor deja de ser percibido como algo separado. Entonces, la atención presencial florece, y surge una profunda paz. Ya no hay una mente inquieta que busca controlarlo todo. Solo queda el flujo natural de la vida en forma de atención, donde cada momento es acogido tal como es, sin resistencia ni necesidad de cambiarlo.

Lo que antes se vivía como una lucha entre lo interno y lo externo, entre lo que observa y lo observado, se revela como un juego de reflejos en el espejo de la conciencia. La separación es reemplazada por la unidad, y el viaje del Actor se completa al descansar plenamente en la claridad del Testigo. Así, la mente se aquieta, la dualidad se disuelve, y lo que queda es simplemente Testigo o *Ser*.

Cambiando de tema, En la no-dualidad del Advaita, el lenguaje es un desafío porque toda expresión parece implicar dualidad. Decimos "alguien percibe", "alguien atiende" o "el Testigo observa", pero en realidad, desde la perspectiva no-dual, no hay un sujeto detrás del acto de atender o percibir.

Cuando se habla de Atención pura, en el sentido no-dual, no es que "alguien" esté atendiendo, sino que la atención ocurre por sí misma. No hay un "Testigo separado" que la posea ni un "Yo" que la controle ni alguien ajeno a la atención que este presente, vamos a ver esta diferencia.

Por ejemplo: en el lenguaje convencional y dualista: yo atiendo implica que hay un sujeto (yo) y un objeto (lo atendido). El Testigo observa esto aún sugiere que hay un Testigo como entidad separada que observa algo más.

Sin embargo, en la visión no-dual de la atención pura no hay "alguien" atendiendo, solo hay atención. Percepción sin perceptor, no hay "alguien" que perciba, solo percepción. Cuando decimos la conciencia sin perceptor, no hay un "Testigo" como algo separado que observa, solo conciencia Testigo silencioso ocurriendo.

Es como si la atención fuera un campo abierto, sin centro ni periferia. No hay un sujeto detrás que la posea o controle. En la no-dualidad, se dice que el Actor (el sentido del yo separado) es una ilusión, y cuando desaparece, solo queda la Atención misma, sin nadie que la reclame ni la sostenga.

Un ejemplo concreto de atención real no-dual: en lugar de decir "Yo estoy atento al sonido del viento", la realidad no-dual seria "solo hay el sonido, solo hay atención". En lugar de decir "el Testigo ve el mundo", sería más preciso decir "sólo hay visión», sin un sujeto que vea. Este es el enfoque radical de la vision no-dual: no hay dos, solo hay lo que Es.

Para comprender cómo la atención real en la no-dualidad no tiene sujeto detrás, podemos explorarla a través de prácticas concretas. Estas prácticas nos ayudan a experimentar directamente cómo la atención ocurre sin un "yo" que la controle. Ejemplo: que tu mirada se pose en cualquier objeto frente a ti (las nubes, una vela, el cielo), no pienses en lo que ves, solo deja que la visión ocurra, siente directamente la experiencia de ver. ¿Hay alguien realmente "viendo" o solo hay visión ocurriendo?

La imagen representa a una persona caminando sola con una mochila
ligera por un bosque de cañaverales y árboles frondosos, en plena
sintonía con el susurro del viento. Cada paso, cada sonido, cada brisa
se convierte en parte de una danza silenciosa con el momento presente.
En la vida cotidiana realizamos innumerables acciones: caminar, cocinar,
conversar, trabajar... Ninguna es más importante que otra si se viven con
atención presencial. La verdadera meditación no-dual no requiere solo
sentarse en silencio, sino permanecer conscientes mientras actuamos.
El Actor se relaja, el Testigo permanece presente. Así, cada instante se
convierte en una oportunidad para que la atención se sostenga sin esfuerzo,
revelando una presencia viva que observa y actúa sin división.

Descubrirás que la visión sucede sola. No hay un "yo" que vea,
solo el ver mismo. Es como si la conciencia misma fuera transparente
y abierta, sin centro ni frontera. Cierra los ojos y escucha cualquier
sonido a tu alrededor (pájaros, el viento, el tráfico), no etiquetes los
sonidos, no los analices, permanece en el escuchar puro.

Los sonidos aparecen y desaparecen en la conciencia sin necesidad de un "yo" que los escuche. No hay un "oyente", solo el acto

de escuchar en sí mismo. La atención está ahí, pero no hay nadie "atendiendo".

PRÁCTICA DEL "PENSAMIENTO SIN PENSADOR"

1. Observa los pensamientos que surgen espontáneamente en tu mente.
2. Pregunta: **"¿Quién está pensando esto?"**
3. En lugar de responder con la mente, simplemente observa el surgir y desvanecerse de los pensamientos.
4. Nota cómo los pensamientos aparecen sin que "alguien" los genere voluntariamente.

Verás que los pensamientos surgen por sí mismos, sin un pensador detrás de ellos. La mente ha asumido que hay un "yo" que los piensa, pero en la experiencia directa, solo hay pensamientos flotando en la conciencia Testigo sin dueño.

PRÁCTICA DEL "ATENDER SIN UN SUJETO"

1. Siéntate y relaja la mente completamente.
2. En lugar de enfocarte en algo específico, déjate llevar por la sensación de simplemente estar presente.
3. Permanece en el silencio, tarde o temprano pueden aparecer pensamientos pero la atención sigue atenta.
4. Nota que hay presencia, hay conciencia Testigo, pero no hay un "alguien" separado que la posea.

Aquí surge la comprensión de que la atención es simplemente la conciencia misma en su estado puro. No hay un "yo" que esté atendiendo: solo hay atención siendo.

Cada una de estas prácticas nos muestra que la atención no pertenece a nadie. No hay un "yo" que atiende, percibe o actúa. La atención o Testigo ocurre sola, sin esfuerzo, sin un sujeto detrás. esto significa que el Actor (el yo separado) es una ilusión. Cuando el Actor se disuelve, queda solo la atención pura, sin nadie detrás que la posea ni un hacedor que actúe. Es la conciencia misma atenta a sí misma. Esta es la esencia de la no-dualidad: no hay dos, solo hay lo que Es.

ESCUCHAR SIN UN OYENTE SEPARADO

Los sonidos llegan sin esfuerzo. No hay necesidad de identificar si es el viento, un pájaro o la voz de alguien. Solo hay sonido, vibración, movimiento en el espacio. No hay un "yo" que escuche, solo la percepción pura ocurriendo sin esfuerzo.

El Actor quiere apropiarse de la experiencia y etiquetar lo que oye: "es un pájaro", "es el viento", "Esto me gusta, esto no". Pero en la atención o no-dual, no hay un centro, no hay un yo separado que reclame el sonido. Solo hay el hecho de escuchar, puro, directo.

El Testigo no interfiere, no se adueña de lo que oye, solo permite que el sonido surja y desaparezca. En esa claridad, el escuchar es perfecto, sin esfuerzo ni filtro. Solo hay conciencia, y el sonido forma parte de ella.

En cada una de estas prácticas, la Atención no es algo que hace un yo, sino algo que simplemente es. No hay un observador separado ni un agente que controle la experiencia. Solo hay Conciencia en sí misma, sin fronteras. Cuando el Actor se rinde y se disuelve, la atención brilla en su pureza natural. Nada sobra, nada falta. Todo es, sin esfuerzo.

Imagen de una mujer meditando en un entorno pacífico, representando la meditación sin fronteras y la conexión universal. La meditación sin fronteras es la disolución de todo límite entre el yo y el universo. No hay dentro ni fuera, solo una presencia abierta y sin restricciones.

La atención descansa en sí misma, libre de dualidad, abarcando lo interno y lo externo como una sola realidad. Aquí, el Testigo y el mundo se funden en unidad, donde el silencio es la verdadera enseñanza y la existencia se revela sin separación.

15

Meditaciones con y sin fronteras
ni dentro ni fuera

En la meditación no-dual auténtica, la conciencia pura se experimenta sin divisiones impuestas por la mente. Las fronteras son una ilusión que separa al Testigo (la conciencia que observa) del Actor (quien siente y actúa). Esta separación genera la falsa percepción de un "yo" que observa un mundo externo, reforzando la dualidad.

En la vida cotidiana, esta ilusión se manifiesta como la sensación de estar separados de nuestras experiencias, como si el cuerpo y la mente fueran entidades aisladas. Sin embargo, la enseñanza no-dual revela que no existen fronteras reales entre Testigo y Actor, ya que ambos son manifestaciones de la misma conciencia. Cuando estas divisiones se disuelven, surge una unidad consciente en la que lo observado y el observador son uno solo.

En la meditación con fronteras se mantiene la sensación de un "yo" que observa el mundo desde una distancia. Aunque útil en el proceso de autoconocimiento, sigue marcada por la separación. Sin embargo, en la meditación sin fronteras se trasciende la dualidad, integrando Testigo y Actor en una única conciencia sin división.

Esta serie de meditaciones guía hacia la disolución de fronteras y la percepción directa de la unidad del Ser. La práctica no consiste en alcanzar algo nuevo, sino en reconocer lo que siempre ha estado presente: **la** conciencia indivisible, sin juicio ni esfuerzo.

Para una comprensión mejor, veremos como en la meditación no dual, dentro del marco de Testigo y Actor, hay una serie de palabras y expresiones que reflejan la naturaleza de la conciencia sin separación o con fronteras.

Algunas palabras relacionadas con "sin fronteras" que expresan la apertura y la infinitud del Testigo: ilimitado, infinito, no-dual, abierto, sin separación, no localizado, universal, omnipresente, atman (Ser), sat-chit-ananda (existencia-conciencia-dicha), vacío luminoso, no condicionado, unidad y no nacido.

Palabras relacionadas con "con fronteras" se refieren al Actor y al mundo dual de los límites: separado, limitado, encerrado, ego, persona, mente, dualidad, tiempo-espacio, sujeto-objeto, individuo, ilusión (Maya), condicionado, nacido y perecedero.

Voy a desarrollar algunos de estos términos dentro del marco de "el doble espejo: Testigo y Actor", relacionándolos con la meditación no dual y la experiencia del despertar.

El Actor y sus fronteras: el Actor es el individuo que se percibe como una entidad separada del mundo. Su identidad está construida sobre la mente, el cuerpo y la historia personal. Vive en la dualidad, donde el sujeto y el objeto parecen estar divididos.

> **Separado** → El Actor cree que es un "yo" distinto de los demás y del mundo. Esta creencia crea la sensación de aislamiento y la lucha por definir quién es.
> **Limitado** → La identidad del Actor está limitada por sus pensamientos, emociones y percepciones sensoriales. No ve más allá de lo que su mente le permite.
> **Encerrado** → Su experiencia está atrapada en patrones de pensamiento y de conducta repetitivos. Su mente es como una habitación cerrada con pocas o ninguna ventanas al infinito.
> **Dualidad** → El Actor vive en la tensión entre opuestos: bueno/malo, placer/dolor, éxito/fracaso. No conoce la paz más allá de los opuestos.
> **Mente y cuerpo** → Se identifica con los pensamientos y las sensaciones físicas, creyendo que son su única realidad.
> **Tiempo y espacio** → Vive en el pasado y el futuro, perdiéndose del presente. También siente que está "aquí" y que el resto

del mundo está "allá afuera", sin darse cuenta de que todo es una misma manifestación.

Individuo → Se ve como una entidad separada, con un nombre, una historia, y una existencia que nació y morirá.

Ilusión (Maya) → El Actor está atrapado en Maya, la ilusión de que el mundo que percibe es real de manera independiente de su conciencia.

Condicionado → Todo lo que hace está influenciado por el pasado, la sociedad, las experiencias y los hábitos adquiridos. No se da cuenta de que hay algo en él que nunca ha sido condicionado.

Nacido y perecedero → Se ve como un ser con un comienzo y un final. No percibe su verdadera naturaleza eterna.

La meditación no-dual comienza donde el cuerpo deja de ser un obstáculo.
No hace falta adoptar posturas rígidas o forzadas para experimentar la meditación no-dual. La verdadera conciencia Testigo no depende de la forma del cuerpo, sino del espacio interior que se abre cuando dejamos de identificarnos con él. La imagen de una mujer mayor meditando en un sofá refleja con claridad esta comprensión: lo importante no es la postura, sino que el cuerpo no estorbe, no exija atención, y así permita que la conciencia se vuelva hacia sí misma. Desde la comodidad y el silencio, el Testigo emerge. Ya no hay un Actor limitado por el cuerpo, la mente, la historia ni los opuestos. Lo que parecía "mi meditación" se revela como una conciencia sin bordes, abierta, sin dentro ni fuera. El Actor se silencia, y solo queda el Testigo: eterno, libre y presente en todo.

EL TESTIGO: CONCIENCIA SIN FRONTERAS NI DENTRO NI FUERA

El Testigo es la conciencia que observa el juego del Actor sin identificarse con él. No es una persona, ni un pensamiento, ni una historia, sino el espacio ilimitado donde todo ocurre.

Ilimitado → No tiene bordes ni fronteras. Es el espacio abierto de la conciencia en el que todo aparece y desaparece.

Infinito → No tiene principio ni fin, como el cielo que no está confinado por nubes pasajeras.

No-dual → No hay separación entre el Testigo y lo testimoniado. Todo es un solo flujo de experiencia presencial continua.

Abierto → No rechaza nada ni se aferra a nada. Permite que todo ocurra sin resistencia.

Sin separación → El Testigo no ve un "yo" distinto de "los otros". Solo hay unidad.

No localizado → No se puede ubicar en ningún punto del espacio o el tiempo. No está "dentro" ni "fuera", pues todo está en él.

Omnipresente → No hay lugar donde no esté. Todo ocurre en su luz.

Vacío Luminoso → Es un vacío sin objeto, pero está lleno de potencial. No es "nada", sino la plenitud sin forma.

No condicionado → No ha sido tocado por las experiencias de la vida. Es lo mismo en la infancia, la adultez y la vejez.

Unidad → No es "mi conciencia" ni "tu conciencia". Es la única conciencia que hay, manifestándose en diferentes perspectivas.

No nacido → Nunca ha nacido ni morirá. Solo los fenómenos cambian, pero el Testigo es siempre el mismo.

CÓMO SE RELACIONAN EL TESTIGO Y EL ACTOR EN LA OBSERVACIÓN, CONCENTRACIÓN Y MEDITACIÓN

-Al principio: el Actor cree que él es el único protagonista. Se ve atrapado en pensamientos, emociones y deseos.

- **Con la observación**: empieza a notar que hay algo en él que no cambia, el Testigo silencioso comienza a separarse del Actor.
- **Con la concentración no-dual:** el Actor reconoce que sus pensamientos, su cuerpo y su identidad son objetos en la conciencia, no su verdadero Ser. La atención se vuelve sobre sí misma, el conocimiento busca al conocedor, y el Testigo se revela. No hay separación, solo la unión de la percepción y lo percibido en la conciencia sin fronteras.

La imagen muestra dos formas complementarias de meditación: externa e interna. A la izquierda, el joven con el arco representa la meditación externa, donde la atención se proyecta hacia una acción precisa y consciente. Su mirada fija, su cuerpo alineado, revelan una mente unificada en el presente. A la derecha, la joven con los ojos cerrados encarna la meditación interna: la atención se recoge, disolviendo lo externo para descansar en la conciencia misma. Ambas formas son fundamentales para una experiencia meditativa completa. Una entrena la presencia en el hacer; la otra, en el ser. Cuando se integran, el Actor se armoniza con el Testigo, y la atención se vuelve continua, sin importar hacia dónde se dirija. Así florece la verdadera meditación.

- En la meditación no-dual, el Actor se desvanece en el Testigo, y el "doble espejo" se funde en unidad. La atención se reconoce a sí misma, el conocimiento halla al Conocedor, y la separación entre interno y externo desaparece. La atención no es solo interna, sino universal; la percepción sin fronteras surge, y la conciencia se expresa libremente como totalidad indivisible.

MEDITACIÓN CON LOS OJOS CERRADOS Y ABIERTOS: INTERNA Y EXTERNA

En "el doble espejo: Testigo y Actor", podemos explorar cómo la práctica de la meditación se adapta a la percepción del Actor (mente dual y condicionada) y el Testigo (conciencia no-dual y sin fronteras). La meditación puede desarrollarse en dos enfoques complementarios:

1. Meditación con los ojos cerrados: interna

Aquí, la atención se retira del mundo de los sentidos y se dirige hacia el Testigo. Es la vía tradicional para reconocer que la conciencia no depende de los pensamientos, el cuerpo ni el entorno. Prácticas clave:

- **Observar sin intervenir** → Notar pensamientos, emociones y sensaciones sin identificarse con ellos.
- **Detectar el silencio entre pensamientos** → Descubrir el espacio vacío en el que los pensamientos aparecen y desaparecen.
- **Volver al sentir del Ser** → No como una idea, sino como la presencia pura más allá de la mente.

Experiencias en el Actor: al principio, el Actor siente que hay un "yo" que medita, cree que debe "hacer algo" para alcanzar la quietud, nota resistencia porque la mente sigue activa y dispersa.

Realización del Testigo: descubre que el silencio y la atención ya están presentes sin esfuerzo. No hay necesidad de rechazar pensamientos; ellos aparecen y desaparecen por sí solos. Se disuelve la

La imagen refleja dos formas de estar en la vida: la presencia del Testigo
y la distracción del Actor. La chica, concentrada en su práctica de Tai
Chi, expresa calma y conexión. Su rostro sereno revela que está
completamente en el presente, consciente de cada movimiento.
En cambio, el chico, aunque activo, muestra un rostro tenso y ausente.
Está atrapado en pensamientos, desconectado del ahora. Así vivimos a
diario: a veces atentos, otras perdidas. El Testigo observa con claridad
y sin juicio; el Actor reacciona, lucha y se dispersa. Solo la atención
presente permite vivir desde la conciencia real.

idea de un "yo meditador" y solo queda la pura conciencia. Esta
práctica revela que **el** Testigo siempre está presente, incluso cuando
el Actor está inquieto.

2. Meditación con los ojos abiertos: externa

Aquí, en lugar de cerrar los ojos para retirarse del mundo, se
permite que la percepción externa se incluya en la conciencia sin
fronteras.

- **Mirar sin juicio** → Permitir que la visión ocurra sin etiquetas ni interpretación. La atención pura no se aferra a lo visto ni al que ve, dejando que el Testigo contemple sin división entre sujeto y objeto, en la unidad de la percepción.
- **Expandir la percepción** → Notar que la visión ocurre dentro de la conciencia, no fuera de ella.
- **Escuchar el silencio detrás del sonido** → Los sonidos surgen y desaparecen, pero la conciencia permanece inmutable.

EXPERIENCIAS EN EL ACTOR

- Al principio, el Actor sigue viendo objetos separados.
- Cree que el mundo está "allá afuera" y él "aquí adentro".
- Nota distracción porque los sentidos captan estímulos variados.

REALIZACIÓN DEL TESTIGO

- Se percibe que la visión ocurre dentro de la conciencia, no en un mundo externo independiente.
- La separación entre el "yo" y el "mundo" empieza a disolverse.
- Se comprende que todo ver es ver la conciencia misma, sin fronteras ni distancias.
  Esta práctica revela que el Testigo no cambia, ya sea en quietud o en acción.

INTEGRACIÓN: MÁS ALLÁ DE LOS OJOS ABIERTOS O CERRADOS

La verdadera meditación no depende de si los ojos están abiertos o cerrados, ni de posturas o técnicas. Lo esencial es reconocer que la Conciencia Testigo no cambia, más allá de los pensamientos, percepciones o acciones del Actor. En el Doble Espejo, el Actor fluctúa, pero el Testigo permanece como pura presencia.

TRES COMPRENSIONES CLAVES

1. Los pensamientos van y vienen, pero el Testigo permanece.
2. El mundo parece estar fuera, pero ocurre dentro de la conciencia.
3. No hay un "adentro" o "afuera", solo una presencia ilimitada sin fronteras.

La meditación madura cuando ya no se hace diferencia entre mirar hacia adentro o hacia afuera, porque en ambos casos lo que se encuentra es lo mismo: la conciencia Testigo imparcial.

El Actor puede creer que la meditación sucede solo cuando está en quietud con los ojos cerrados. Pero el Testigo no tiene preferencia: está igualmente presente en la inmovilidad y en el movimiento, en la soledad y en la actividad. La verdadera meditación es darse cuenta de esto a cada instante, hasta que la vida misma se convierte en un fluir espontáneo dentro de la conciencia sin fronteras.

Bajo el cielo estrellado, el Actor mira y nombra, separando el mundo en fragmentos. "Osa Mayor, Casiopea", piensa, y en su mente, las estrellas quedan atrapadas en conceptos (las nubes representan los pensamientos). Pero cuando el Testigo despierta, la frontera desaparece: no hay nombres, solo luz infinita reflejada en la conciencia. El Doble Espejo se disuelve y la atención pura simplemente Es. Sin esfuerzo, sin mediador, sin división entre dentro y fuera. Meditar sin meditador es fundirse con lo observado: estrellas, cielo y Testigo son uno.

16

Práctica: meditar sin meditador

Meditar con fronteras: imagina que en una noche oscura estás observando el cielo nocturno lleno de estrellas. Meditar con fronteras sería: mirar las estrellas, pero al mismo tiempo, pensar en ellas: Osa Mayor, Osa Menor, Casiopea, la Polar...". **Estás separando la experiencia de la observación,** porque hay un "yo" que piensa sobre las estrellas y las ve como algo distante, creando una división entre el pensador sujeto (el Actor) y lo pensado objeto (las estrellas). Esta es la frontera: los pensamientos y las estrellas están separados (para ver las cosas del mundo la mayoría de las personas precisan pensarlas).

Meditar sin fronteras: sería como simplemente ver las estrellas sin pensar en ellas, sin etiquetarlas ni identificarlas. Al hacerlo, te conviertes en parte de una experiencia directa, y la conciencia que observa y las estrellas se fusionan. No hay un sujeto pensante que separa la mente del objeto, solo atención-conocimiento en el momento presente, donde las estrellas y el observador son una única experiencia, sin fronteras. Así mira el meditador con experiencia, sin conceptos mentales, desde la conciencia-Testigo-presente y no sobreponiendo la historia personal por delante.

MEDITACIÓN DEL TESTIGO: UNIFICACIÓN INTERNA-EXTERNA SIN FRONTERAS

Mientras estás atendiendo y conociendo a la vez, con los ojos cerrados y mirando hacia tu interior, te sumerges en una experiencia curiosa de continuidad y estabilidad. Es como si el acto mismo de atender y conocer se fundiera, dejando de ser acciones separadas. A medida que se experimenta este proceso (pues tu "yo" ya no está ahí), te das cuenta de que, a pesar de que no hay nada más en escena, tu conciencia Testigo está simultáneamente atendiendo y sabiendo que está atendiendo. Este es el comienzo de la experiencia sin fronteras.

A medida que sigues profundizando, te das cuenta (solo la atención se da cuenta) de que no solo estás consciente de ti mismo, sino que también eres consciente del mundo externo, de todo lo que ocurre dentro y fuera de ti. La atención se está atendiendo, el conocedor se está conociendo. Las fronteras entre el interior y el exterior se disuelven, y todo se experimenta como una única realidad, sin distinciones. En este estado, el Testigo y el Actor ya no son dos, sino una conciencia unificada sin fronteras.

Este es el estado del verdadero Testigo (**el doble espejo desaparece, el espejo y su reflejo dejan de percibirse como dos**), donde el proceso de ser consciente trasciende las divisiones convencionales. El Testigo se reconoce a sí mismo no solo como la conciencia interna, sino también como el perceptor de todo lo que se manifiesta en el mundo externo. Aquí ya no hay separación, solo unidad sin fronteras.

Al alcanzar este estado de unificación interna-externa sin fronteras, no hay nada que hacer, solo Ser. La experiencia se sostiene en una continuidad estable, sin esfuerzo, sin el "yo" que actúa o el "yo" que observa, solo la conciencia pura, que se reconoce a sí misma en el flujo de todo lo que sucede. Permanece en este estado todo el tiempo que sea posible, permitiendo que la experiencia de la no-dualidad se profundice y se estabilice por sí sola.

La imagen del calígrafo japonés practicando Shodō, representa la fusión perfecta entre meditación interna y externa. Su cuerpo actúa —traza con precisión— mientras su mente permanece anclada en la atención pura. En ese instante, no hay separación entre el gesto y la conciencia que lo sostiene. Esta unidad encarna la no-dualidad: el Actor actúa, pero guiado por el Testigo silencioso. El calígrafo no distingue entre dentro y fuera; Su atención fluye sin fronteras. Así como en la meditación enfocamos la atención en sí misma, también podemos abrir los ojos y dejar que esa misma atención abrace el mundo exterior sin perder su cualidad ilimitada. El trazo surge del vacío consciente, y en él no hay división. Solo queda la unidad de la experiencia viva, clara y sin forma.

UNIFICAR LAS DOS PRÁCTICAS:
INTERNA Y EXTERNA

Para integrar completamente el Testigo y el Actor, es importante trascender la aparente división entre "dentro" y "fuera" donde las fronteras se diluyen.

En cualquier situación, ya sea mirando hacia adentro o hacia afuera, **la atención es el hilo que conecta todas las experiencias. Esta atención es el verdadero Testigo sin fronteras.**

Para romper la barrera entre interior y exterior observa que lo que llamas "dentro" y "fuera" son conceptos o fronteras mentales. La atención misma no distingue entre ambos; simplemente está presente sin frontera que la limite. Durante la meditación, enfoca la atención en la atención, como ya haces. Nota su naturaleza expansiva sin forma ni frontera.

Ahora, abre los ojos y deja que la atención fluya hacia los objetos del mundo, pero sin cambiar nada. Nota que la misma conciencia-Testigo que observaba dentro ahora observa fuera, es la misma, no ha cambiado, solo que ahora los sentidos se han activado como intermediarios de la atención sin fronteras.

Cuando finalices la meditación reflexiona: *¿cambia algo en la atención misma al cambiar el foco de interno a externo?*

APLICAR LA ATENCIÓN EN LA VIDA COTIDIANA SIN FRONTERAS: EVITAR EL DESPLAZAMIENTO DE LA ATENCIÓN FUERA-DENTRO O DENTRO-FUERA

La verdadera prueba de la meditación no-dual es integrarla plenamente en la vida diaria, aplicando la atención con conciencia plena en cada momento. El desafío de esta meditación externa es mantener la atención centrada en los objetos externos sin que se desplace al interior: a los pensamientos, emociones o preocupaciones sobre el pasado o el futuro. En este estado de atención-Testigo, no hay un "yo" que se identifique con lo que percibe, ya que todo lo observado es simplemente una manifestación de la misma conciencia que realmente somos.

El desplazamiento constante de la atención entre el interior y el exterior, o al contrario, del pensamiento al objeto percibido y viceversa, es una de las principales causas del estrés mental y la falta de concentración. La atención se fragmenta, creando la ilusión de separación entre el Testigo (quien observa) y el Actor (quien actúa).

Esta división genera tensión, ya que el Testigo se identifica errónea-mente con el Actor, alimentando la sensación de "yo" y "no yo".

Desde la perspectiva de la no-dualidad, en la que el Testigo y el Actor son uno, la verdadera atención es unificada y fluye sin esfuerzo, como un río. No hay desplazamiento inestable entre el interior y el exterior. Por ejemplo, al contemplar el mar, en un estado de atención sin fronteras, se mantiene una atención continua y estable en la belleza del mar y las olas.

Sin embargo, mientras observas el mar, comienzas a pensar sobre él o a juzgarlo (como "esta ola es grande", "aquella es pequeña", "el mar es azul" o "quizás verde"), todos estos conceptos mentales nacen del interior de tus historias mentales y no son necesarios cuando estás en meditación externa, ya que la expresión de la conciencia-Testigo se manifiesta en forma de atención y conocimiento. La mente pertenece al pasado y al futuro.

La atención o Testigo, cuando se mantiene en lo exterior sin la intervención del pensamiento, no solo se estabiliza la mente, sino que también permite reconocer que el Testigo (conciencia pura) es el mismo que observa el mundo externo. Al hacerlo, se disuelven las fronteras entre lo interno y lo externo, y la experiencia se convierte en una única unidad consciente.

Este ejercicio no es simplemente una práctica de concentración, sino un recordatorio constante de que, en última instancia, no somos el Actor ni los pensamientos que surgen, sino la conciencia Testigo que los presencia. Cuando la atención se sostiene por sí sola y sin esfuerzo, dirigida hacia el mundo objetivo externo, ya no hay lucha entre el interior y el exterior, y el estrés mental se disuelve naturalmente al reconocer que todo es una manifestación de la misma atención. Este estado de atención sostenida se manifiesta como paz y felicidad continua y estable.

ATENCIÓN CONTINUADA AL ENTORNO NATURAL

- Encuentra un espacio al aire libre, como un parque, cerca de la naturaleza, o cualquier lugar que te sea adecuado para la práctica. Siéntate o permanece de pie, pero en silencio.

La imagen muestra a un pintor hiperrealista trabajando al aire libre,
profundamente concentrado en su lienzo mientras pinta un plano de
la ciudad. A su alrededor, personas lo observan con curiosidad, pero él
permanece absorto, sin distraerse. Este estado representa la meditación
externa no dual: una atención sostenida y sin fronteras dirigida al mundo
exterior. El pintor no analiza ni etiqueta lo que ve; simplemente observa
y traduce con precisión, sin permitir que su mente interfiera. Su mirada
es pura atención, los sentidos activos como canales de la conciencia.
En ese instante, no hay separación entre él y lo que pinta. El Testigo fluye
a través de la acción del Actor, revelando una unidad sin esfuerzo entre
lo observado y quien observa.

- Si lo prefieres, cierra los ojos por un momento, respira
  libremente y relájate. Luego, abre los ojos lentamente y
  observa el entorno a tu alrededor (el cielo, los árboles, las
  plantas, las personas que pasan, los pájaros, los perros, los
  sonidos etc.).
- Dirige tu atención exclusivamente al entorno exterior o a un
  objeto en particular, sin permitir que tus pensamientos o juicios
  intervengan. No etiquetes ni analices lo que ves. Simplemente,
  atiende sin identificarse con los pensamientos que surjan.

Mantén la atención externa sin fronteras, asegurándote de
que no se desplace al interior. Evita que la atención vaya
hacia los pensamientos sin esfuerzo, emociones o recuerdos;
mantén siempre la atención en el exterior.

- Siente que la atención fluye de manera directa y sin esfuerzo,
sin fronteras, percibiendo todo lo que observas con plena
conciencia, sin separarte de lo observado ni perder el enfoque. Si notas que tu mente empieza a pensar sobre lo que
ves, es porque la atención se ha desplazado al interior. En
ese caso, simplemente vuelve a dirigirla hacia la observación
externa, sin juicio ni crítica.

- Este ejercicio te ayudará a mantener la atención enfocada
en el mundo externo, evitando que se desplace hacia el
interior, y te permitirá experimentar la unidad en forma
de atención-conocimiento, donde el Testigo y el objetivo
elegido son lo mismo.

- En la meditación externa, los cinco sentidos actúan como
intermediarios de la atención, funcionando como ventanas
a través de las cuales se expresa la atención presencial que
surge del interior. Así, cualquiera de los sentidos puede ser
utilizado como agente activo para practicar la concentración
en el mundo externo. Aunque en están activos los ojos, los
oídos y demás sentidos también sirven como canales a través
de los cuales se expresa la atención en el mundo externo.

ATENCIÓN AL SONIDO EXTERNO SIN JUICIO

- Siéntate en un lugar tranquilo donde puedas escuchar
diversos sonidos (puede ser el sonido del tráfico, el canto
de los pájaros, el viento, etc.).

- Cierra los ojos y enfoca tu atención en los sonidos sin intentar identificar ni clasificar lo que oyes. No pienses "esto
es un pájaro" o "eso es el viento". Simplemente, escucha
el sonido tal como es, que solo la atención este presente,
todo lo demás sobra.

- Permite que tu atención fluya sin esfuerzo hacia los sonidos.
Reconoce que la atención y el conocimiento del sonido
están presentes simultáneamente, sin ningún pensamiento
adicional.

- Si la mente comienza a generar pensamientos o juicios (por
ejemplo, "ese sonido es molesto"), este juicio de valor es

debido a que tu atención se ha desplazado al interior, al descubrir este hecho, simplemente regresa a la presencia del sonido mismo al exterior, sin involucrarte en las historias mentales internas.

- A medida que prácticas, te darás cuenta de que no hay un "yo" que escucha, sino que la conciencia Testigo se está experimentando a sí misma a través del sonido. La atención y el conocimiento son universales, se funden sin fronteras.
- Se trata de practicar la meditación sin fronteras al observar los sonidos sin la intervención de la mente, disolviendo la dualidad entre el Testigo y lo escuchado.

ATENCIÓN SOSTENIDA EN UNA ACCIÓN COTIDIANA (CAMINAR, COMER, ETC.)

- Elige una acción cotidiana que realizas todos los días, como caminar, comer, leer un libro o ver una película.
- Realiza esta actividad consciente y completamente presente, manteniendo tu atención en cada detalle de la acción: cómo se mueve tu cuerpo, cómo se siente, qué estás percibiendo en cada momento.
- Evita que tu mente se deslice hacia pensamientos del pasado o futuro. Si surgen, simplemente obsérvalos y deja que se vayan, regresando tu atención a la acción presencial externa.
- Si estás caminando, siente cómo cada paso ocurre sin que tu mente lo controle; simplemente estás siendo consciente de cada movimiento sin pensar en "yo soy el que camina".
- Si estás comiendo, saborea cada bocado sin pensar en lo que pasará después o cómo te sientes acerca de la comida. La atención está en el acto de comer, no en la interpretación o el juicio.
- Aplicar la atención a las actividades cotidianas sin que la atención se desplace entre el interior y el exterior, reconociendo la unidad entre el Testigo (conciencia) y el Actor (la acción que realizas).
- Estos ejercicios prácticos están diseñados para ayudarte a integrar la atención no-dual en tu vida diaria, manteniendo la conciencia presente y disolviendo las fronteras entre el Testigo y el Actor. Al practicar de esta manera, puedes experimentar la unidad consciente en todo momento, permitiendo que la conciencia pura se experimente a sí misma sin separaciones.

Reconocerás con experiencia que "interno" y "externo" son conceptos mentales. La atención pura no distingue entre dentro y fuera. El mundo no es algo que observas desde dentro. Tú mismo eres el mundo, ya que todo surge dentro de la conciencia.

En un mismo hogar pueden coexistir mundos completamente distintos. Una madre, profundamente comprometida con la meditación y la comprensión de la no-dualidad, puede habitar un estado de presencia serena mientras el resto de su familia vive ajeno a esa realidad.

He vivido esta experiencia: a pesar de compartir espacio y tiempo, surgen malentendidos, rechazos y hasta conflictos. La incomprensión duele, pero también es un llamado a la madurez interior. En esos momentos, la aceptación se convierte en un verdadero camino espiritual. No se trata de cambiar al otro, ni de ser cambiado, sino de aprender a convivir desde el Testigo: silencioso, presente, sin juicio. En el corazón del desacuerdo, también puede florecer la comprensión más profunda.

17

El misterio de la incomprensión de la no-dualidad

La incomprensión de la no-dualidad suele manifestarse incluso en los entornos más cercanos. A pesar de compartir vivencias, prácticas y conocimientos, el mensaje profundo del Testigo y el Actor puede no ser captado por quienes nos rodean, incluso, por familiares más cercanos, como a mí me pasa.

Este capítulo explora cómo, en mi propia casa, donde la meditación y el estudio espiritual siempre estuvieron presentes, surgieron malentendidos y resistencias. Reflexionaremos sobre cómo esta falta de comprensión revela el juego del Actor y cómo el Testigo, en su silenciosa presencia, ilumina la verdadera naturaleza de la conciencia.

La no-dualidad, a diferencia de otras enseñanzas espirituales, no se comprende a través de la acumulación de conocimientos. Puedes leer todos los libros, meditar a diario y estudiar con grandes maestros, pero la realización no surge de entender conceptos, sino de desaprender y soltar toda identificación.

Un discípulo acudió a un sabio y le dijo:

—He leído todos los textos sagrados, medito cada día y he aprendido de muchos maestros. Sin embargo, la liberacion no llega. ¿Qué me falta?

El sabio lo llevó a un río y le pidió que recogiera agua en una vasija llena de piedras. El discípulo lo intentó, pero el agua se desbordaba sin poder llenarla.

—Vacía la vasija —le dijo el sabio—. Solo cuando sueltes lo que crees saber, podrá llenarse con lo que siempre ha estado aquí.

La no-dualidad se revela no al acumular, sino al soltar.

Es como contemplar un paisaje a través de una ventana empañada. Puedes estudiar cada detalle del paisaje, leer descripciones exactas de lo que se ve, pero mientras el cristal no se limpie, la visión directa permanecerá oculta. La comprensión de la no-dualidad requiere **la** experiencia directa, no mediada por el pensamiento.

Uno de los obstáculos más sutiles es lo que podría llamarse el Actor Espiritual. Se trata del "yo" que cree estar avanzando espiritualmente, el que medita, estudia y enseña, pero que sigue operando desde una identidad separada. La no-dualidad se experimenta cuando el Actor se disuelve, cuando no queda nadie detrás del acto de percibir, atender o experimentar.

Una persona puede practicar meditación durante años creyendo que está "progresando", cuando en realidad sigue reforzando la idea de un "yo" que avanza hacia un objetivo. La no-dualidad no es un logro, sino el reconocimiento de que nunca hubo un yo separado que necesitara lograr nada.

La no-dualidad implica rendirse completamente. Significa aceptar que no hay un hacedor separado controlando la experiencia. Esta rendición va en contra de la tendencia natural de la mente, que busca entender, controlar y explicar. Incluso quienes meditan y enseñan prácticas espirituales pueden experimentar resistencia ante esta rendición total.

Un río no controla su curso; fluye sin esfuerzo hacia el océano. De manera similar, la conciencia fluye sin que exista un "yo" que la dirija. Aceptar esto profundamente, sin querer modificarlo o controlarlo, es la verdadera rendición no-dual.

Paradójicamente, vivir rodeado de enseñanzas no-duales puede generar una sensación de familiaridad que impide profundizar en su misterio. Cuando algo se vuelve cotidiano, la mente asume que lo comprende. Pero la no-dualidad no es algo que pueda ser poseído o entendido por la mente.

Es como el aire que respiramos. Siempre está ahí, tan cercano que dejamos de notarlo. Sin embargo, es lo más esencial. La conciencia no-dual es esa atención presencial constante que solemos pasar por alto precisamente por su cercanía e inmediatez.

El océano —igual que el espacio infinito, símbolo de la conciencia no-dual— rodea completamente a los peces, pero el joven, atrapado en la búsqueda mental, no lo reconoce. Esta metáfora ilustra la dificultad de discernir lo evidente cuando la mente busca algo extraordinario. El verdadero discernimiento no consiste en encontrar algo nuevo, sino en ver con claridad lo que ya es. Así ocurre con la conciencia: está aquí, siempre presente, pero la confusión del Actor la oscurece. Solo el silencio del Testigo permite reconocerla, sin esfuerzo, como el agua misma en la que nadamos.

Metáfora. Un pez joven se acercó a un pez anciano y le preguntó: —He oído hablar del océano. Dicen que es vasto, profundo y libre. ¿Dónde puedo encontrarlo?

El pez anciano sonrió y respondió:

—El océano está a tu alrededor. Nadas en él en este mismo momento.

El pez joven, confundido, replicó:

— ¿Esto? Pero esto solo es agua. Yo busco el océano.

Así ocurre con la conciencia no-dual: siempre presente, tan cercana que pasa desapercibida.

A veces, el entorno espiritual genera expectativas inconscientes sobre cómo debería ser la experiencia de la no-dualidad. Estas expectativas pueden convertirse en bloqueos. La mente busca una experiencia extraordinaria, un momento de iluminación repentina, cuando en realidad la comprensión no-dual es radicalmente simple: estar aquí, ahora, en este momento, sin identificación y nada mas.

Un buscador espiritual espera alcanzar la liberación (Moksha), experimentar el conocimiento directo del Ser (Atma Jnana) o tener revelaciones profundas (Jivamukti). Pero la realización no-dual del Testigo puede surgir en un momento tan simple como beber agua o caminar, cuando se reconoce que no hay nadie haciendo esas acciones, solo la acción misma desplegándose.

La comprensión no-dual es un proceso de maduración interna, que no sigue una línea temporal clara. Cada persona, aunque haya estado expuesta a las mismas enseñanzas, sigue su propio ritmo. La semilla de la comprensión puede tardar años en germinar.

Al igual que una fruta madura en su propio tiempo, nadie puede forzar la comprensión no-dual. La semilla ya está plantada; cuando las condiciones internas son propicias, la comprensión florecerá por sí sola.

La comprensión no-dual es como el amanecer tras una larga noche. No importa cuánto deseemos adelantar la salida del sol; la luz aparece cuando es su momento. De igual forma, la verdad del Ser yace en silencio, esperando pacientemente tras las sombras del pensamiento y la identificación. Cuando la mente se aquieta y el corazón se abre, como el horizonte que lentamente se tiñe de oro, la comprensión surge sin esfuerzo, revelando que la liberacion siempre estuvo allí, oculta a plena vista.

Otro punto clave es que muchas personas ya viven de forma no-dual sin conceptualizarlo. La mente quiere definir y encajar la experiencia, pero la conciencia no necesita definiciones. Vivir plenamente, sin resistencia al presente, es ya una expresión de la no-dualidad.

Un artista completamente absorto en su arte, un niño jugando sin preocupaciones, o alguien que camina y observa el entorno sin juzgar, están viviendo desde la atención pura. No hay un "yo" separado reclamando la experiencia. Hay solo presencia, solo autentica vida.

Quienes meditamos y buscamos la comprensión de la no-dualidad formamos una minoría silenciosa. En un mundo donde cada cual sigue su propio deseo, muchos comienzan el camino, pero pronto lo abandonan sin haber profundizado. Cambian de práctica, de método, de sendero, sin llegar a conocer la quietud del Testigo. Esta incomprensión no es un error, es parte del misterio. Nosotros, los que permanecemos, aprendemos a aceptar sin imponer, a caminar sin forzar. Seguimos nuestro ritmo, sabiendo que la profundidad requiere constancia. La no-dualidad no se alcanza con cambios externos, sino con la entrega paciente a lo que ya es.

La incomprensión de la no-dualidad, incluso entre aquellos más cercanos a ella, es parte del misterio mismo que la rodea. La mente quiere razones, pero el corazón de esta enseñanza está más allá del entendimiento racional. La no-dualidad no se comprende, se es. En última instancia, he aprendido que la aceptación de este misterio es también un acto de rendición. Cada ser sigue su propio viaje hacia la comprensión, y quizás, solo quizás, la comprensión ya está ahí, manifestándose en formas que aún no soy capaz de reconocer.

No obstante, esa incomprensión en el entorno cercano puede sentirse como un obstáculo, especialmente cuando se ha dedicado tanto tiempo a explorar y compartir un tema tan profundo como la no-dualidad. Es natural querer que las personas más cercanas comprendan lo que para uno es esencial.

Las palabras explican, pero es el modo en que vivimos lo que enseña. Cuando se actúa desde la serenidad del Testigo, sin reactividad, se encarna una presencia que otros pueden sentir aunque no logren nombrarla. La comprensión surge cuando la experiencia se presenta de forma natural, no forzada.

El Actor en nosotros anhela ser comprendido, validado. Sin embargo, el Testigo observa sin esa necesidad. Aceptar que la comprensión no es algo que se pueda exigir o esperar es, en sí mismo, un acto de vivir la no-dualidad. La verdadera enseñanza ocurre cuando dejamos espacio a que cada uno encuentre su propio ritmo.

Comprender la no-dualidad requiere tiempo, y muchas veces, ni siquiera toda una vida es suficiente. El Testigo no tiene prisa. La paciencia es clave para acompañar a los demás en su propio proceso, sin expectativas.

Es fundamental reconocer que no todos están listos o interesados en recibir ciertas enseñanzas. Forzar una comprensión puede generar resistencia.

Ramesh Balsekar, destacado maestro de Advaita Vedanta, sostenía que la iluminación no es un estado personal, sino impersonal, y que no hay seres iluminados de manera individual. Según él, la llamada "iluminación" es simplemente un cambio en la percepción en el cual se reconoce que es lo divino, y no el ego, lo que actúa a través de cada persona. Por lo tanto, intentar imponer esta comprensión puede generar resistencia y no lograr el efecto deseado. Esto sugiere que la transformación es un proceso interno que no puede ser impuesto desde el exterior.

En esencia, la filosofía no-dual enseña que la mejor manera de inspirar a otros no es imponiendo ideas, sino viviendo de acuerdo con estos principios. Al encarnar la no-dualidad en cada acción y palabra, se convierte uno en un ejemplo silencioso que, de forma natural y respetuosa, despierta el interés y la reflexión en quienes nos rodean.

El Comienzo y la culminación de una vida de meditación. En esta imagen
se reflejan dos momentos clave en el camino espiritual. A la izquierda,
el joven encarna el inicio: cuerpo rígido, rostro en tensión, disciplina
y búsqueda. Es el Actor que cree que la iluminación está en el esfuerzo,
en conquistar el silencio. A la derecha, la figura mayor representa el fruto
de una vida dedicada a la meditación: serenidad sin esfuerzo, atención
sin lucha. Ya no se busca el silencio, porque se ha convertido en la forma
natural de vivir. El Testigo está presente en cada gesto cotidiano, incluso
al sostener una taza de té. Esta imagen es el testimonio visual de que la
práctica, con el tiempo, se transforma en pura presencia, sin necesidad
de meditar para ser.

18

La meditación sin meditación
en la madurez espiritual

Cuando la conciencia está despierta, la meditación ya no es un acto deliberado, sino la forma en que se vive la vida.

El cuerpo envejece, la mente cambia, pero el Testigo permanece intacto. Durante décadas, la meditación ha sido el sendero, la práctica, el esfuerzo por sumergirse en la inmensidad del Ser. Hubo tiempos en que largas sesiones con los ojos cerrados parecían esenciales, tiempos en que el silencio interior era un territorio a conquistar. Pero ahora, en esta etapa de la vida, surge una comprensión más profunda: **lo que antes buscábamos en la quietud, ahora nos acompaña en cada instante**.

Cuando éramos más jóvenes, la meditación era un acto deliberado, una disciplina sostenida. Nos sentábamos en silencio, cerrábamos los ojos y navegábamos hacia la inmensidad. El cuerpo respondía con facilidad, la mente podía sostener largos períodos de concentración sin fatiga. En aquel entonces, la continuidad de la práctica parecía el camino hacia la realización. Pero ahora, la perspectiva ha cambiado.

Con la madurez, descubrimos que la meditación ya no necesita durar horas para ser profunda. El silencio no depende de cuánto tiempo nos sentemos, sino de cuánto hemos permitido que impregne cada rincón de nuestra existencia. Lo que antes era una práctica intencional ahora es simplemente la forma en que se vive. **La conciencia**

testigo está presente incluso cuando el cuerpo se cansa y la mente ya no es tan ágil como antes.

Este capítulo es una reflexión sobre el cambio natural que ocurre en la práctica espiritual con la edad. No es un lamento por la disminución del tiempo de meditación, sino una celebración de la madurez de la conciencia. Si antes la meditación era el puente para encontrar el Ser, ahora el Ser se revela en cada instante, sin necesidad de un esfuerzo sostenido.

El río que antes se desbordaba con fuerza ha llegado al océano. Ya no necesita luchar contra las piedras ni abrirse camino entre las montañas. Simplemente descansa en su naturaleza, sabiendo que siempre fue agua. **De la misma manera, la maduración de la meditación no es su desaparición, sino su integración total en la vida cotidiana.**

En estas páginas finales, exploraremos **cómo cambia la meditación con la edad, qué desafíos trae consigo este proceso y cómo el reconocimiento del Testigo se vuelve más natural y espontáneo.** Porque el verdadero despertar no ocurre en el tiempo que pasamos con los ojos cerrados, sino en la certeza de que la conciencia nunca se ha apagado, incluso cuando el cuerpo envejece

En la juventud, el cuerpo tiene una gran reserva de energía sutil (prana), lo que permite períodos largos de introspección sin que la fatiga se haga presente. Con la edad, el prana se redistribuye más hacia el mantenimiento del cuerpo físico y menos hacia la concentración profunda. Esto se traduce en menor capacidad para sostener estados meditativos prolongados.

En la juventud, la práctica de la meditación es vista como un proceso de exploración, una conquista del silencio interior. Con la madurez, se comprende que el estado de testigo está disponible en cualquier momento, lo que puede hacer que la necesidad de sesiones largas disminuya.

Con la experiencia, la práctica se vuelve más espontánea y natural. La meditación ya no necesita formalmente largas horas de inmersión, pues la conciencia Testigo se mantiene más presente en la vida cotidiana. El Testigo está siempre presente, incluso sin meditación formal prolongada.

Razones Científicas: a medida que envejecemos, la neuroplasticidad (la capacidad del cerebro para adaptarse y reorganizarse) disminuye. Esto afecta la capacidad de concentración sostenida en el momento presente. La velocidad de procesamiento mental también se reduce, lo que puede generar una mayor tendencia a la dispersión durante la meditación interna. Menor producción de neurotransmisores claves. La serotonina y la dopamina, esenciales para la sensación de bienestar y concentración, disminuyen con la edad. Esto puede afectar la capacidad de mantener estados de absorción meditativa. La melatonina, crucial para la regulación de los ciclos de sueño y descanso, también se reduce, afectando la capacidad de entrar en estados profundos de meditación.

Con el envejecimiento, el sistema nervioso autónomo tiende a estar más activado en el modo simpático (alerta), dificultando el acceso a estados meditativos prolongados. Esto se debe en parte a una menor capacidad del nervio vago para inducir estados de relajación profunda. Con el tiempo y la edad, hay una leve disminución en el flujo sanguíneo cerebral, lo que puede afectar la capacidad de mantener la atención en estados meditativos prolongados. Esto no impide la meditación, pero puede hacer que períodos largos resulten más agotadores.

En la juventud, el sueño es más profundo y reparador, lo que permite sesiones largas de meditación sin fatiga. En la vejez, el sueño tiende a fragmentarse, afectando la energía disponible para mantener estados prolongados de absorción interna.

En la práctica no-dual, este fenómeno puede verse desde una perspectiva distinta: no es la duración de la meditación lo que define la profundidad de la conciencia, sino la capacidad de mantener el Testigo presente en la vida cotidiana. La integración de la no-dualidad en la vida diaria es más importante que sesiones largas de meditación interna. La conciencia no es afectada por el tiempo; solo el cuerpo y la mente lo son. El Testigo sigue intacto, más allá de la capacidad de meditar por horas.

"Lo que en la juventud buscábamos en largas horas de meditación, en la madurez lo encontramos en la simplicidad del instante presente."

La imagen ilustra con claridad una verdad profunda de la práctica
no-dual: no es la forma, ni la duración, lo que revela la conciencia
despierta. A la izquierda, el joven abandona su meditación formal y de
inmediato cae en la distracción, como si el silencio hubiera terminado
con la sesión. A la derecha, el adulto mayor realiza una acción simple,
sin solemnidad ni técnica, pero su rostro revela una presencia plena y
sostenida. Esta escena muestra que la verdadera madurez espiritual no
consiste en meditar más, sino en que el Testigo permanezca activo incluso
mientras se vive, se camina o se sirve una taza de té.

A lo largo de la práctica meditativa, muchas personas comienzan
con la idea de que la duración de la sesión es un indicador del pro-
greso espiritual. En la juventud, es común medir la profundidad de
la meditación por la cantidad de tiempo que se puede permanecer
en absorción o concentración interna. Sin embargo, en la madurez,
se comprende que la meditación no es un acto separado de la vida
cotidiana, sino una forma de ser.

Un monje joven puede sentarse en meditación durante horas, pero si al levantarse pierde el estado de testigo en sus interacciones diarias, la meditación sigue siendo fragmentada. En cambio, un maestro mayor puede meditar solo unos minutos, pero su conciencia permanece establecida en el Testigo incluso mientras camina, habla o come.

Es como el agua en un recipiente. En el principio de la práctica, es necesario sumergir la mente completamente en el silencio para sentir su frescura. Con el tiempo, esa frescura se impregna en todo el ser, de modo que incluso un sorbo es suficiente para saciar la sed del buscador. La verdadera profundidad de la meditación no se mide en minutos, sino en la capacidad de estar presente sin esfuerzo en la realidad cotidiana.

La integración de la no-dualidad en la vida diaria es más importante que sesiones largas de meditación. En la no-dualidad, el problema no es la falta de tiempo de meditación, sino la ilusión de que la liberación depende de un estado particular. La mente busca experiencias excepcionales en la práctica, pero la verdad última es que la conciencia ya está aquí, en todo momento, sin necesidad de ser inducida o sostenida artificialmente.

Este capítulo es una reflexión sobre el cambio natural que ocurre en la práctica espiritual con la edad. No es un lamento por la disminución del tiempo de meditación, sino una celebración de la madurez de la conciencia. Si antes la meditación era el puente para encontrar el Ser, ahora el Ser se revela en cada instante, sin necesidad de un esfuerzo sostenido.

Si la meditación no transforma la manera en que uno experimenta el día a día, entonces sigue siendo una práctica fragmentada. La verdadera integración ocurre cuando la distinción entre "meditar" y "no meditar" desaparece.

"Lo que en la juventud buscábamos en largas horas de meditación, en la madurez lo encontramos en la simplicidad del instante presente."

Invitamos a la rendición y la aceptación natural del proceso de envejecimiento. Lo importante no es cuántas horas se medita, sino darse cuenta de que la meditación misma se ha convertido en la vida.

Cuando éramos jóvenes, necesitábamos despejar el cielo para ver el sol de la conciencia. Largas horas de meditación parecían necesarias para disipar las nubes del pensamiento. Pero con el tiempo, entendemos que el sol nunca dejó de brillar, incluso cuando estaba oculto. Ya no es necesario esperar un cielo despejado para saber que la luz siempre está presente.

Antes, buscábamos vernos claramente en el espejo de la meditación, limpiándolo con esfuerzo para eliminar el polvo de los pensamientos. Ahora, comprendemos que el reflejo nunca estuvo separado del espejo. No importa si la imagen es clara o borrosa; el espejo sigue siendo el mismo.

"Al principio, buscábamos la meditación en el silencio profundo. Con el tiempo, descubrimos que el silencio nos acompañaba en todo. Ya no es necesario cerrar los ojos para ver, porque el Testigo nunca dejó de mirar."

Los grandes maestros de meditación: en la etapa de madurez, tanto Jiddu Krishnamurti como Sri Nisargadatta Maharaj manifestaron una comprensión de la meditación que trascendía la práctica formal y se integraba plenamente en la vida cotidiana.

Jiddu Krishnamurti enfatizaba que la verdadera meditación no era una actividad aislada ni una técnica específica, sino un estado de atención sostenida y percepción sin elección en cada momento de la vida. Rechazaba las prácticas estructuradas y las disciplinas impuestas, sugiriendo que la meditación debía ser una constante observación de la mente y sus movimientos, sin el filtro del pensamiento condicionado. Para Krishnamurti, la meditación era la esencia de una mente silenciosa y libre, presente en todas las acciones diarias.

Sri Nisargadatta Maharaj, por su parte, enseñaba que la autoindagación y la realización del "Yo soy" eran fundamentales. Su enfoque no se centraba en prácticas meditativas formales, sino en la comprensión directa de la propia naturaleza esencial. Maharaj guiaba a sus discípulos hacia el reconocimiento de que la conciencia de ser ("Yo soy") es la base de toda experiencia, y que al profundizar en esta sensación, uno trasciende las identificaciones limitadas con el cuerpo y la mente. Esta realización no dependía de sesiones prolongadas

La imagen evoca una escena típica de los años en que Jiddu Krishnamurti
enseñaba en los parques de California, bajo la sombra de los árboles, sin
estrado ni templo, rodeado de gente común y diversa. Su presencia no
imponía, sino que invitaba a mirar sin filtros, sin esfuerzo. No enseñaba
técnicas ni prometía estados extraordinarios. Hablaba desde el Testigo,
y su forma de enseñar era, en sí misma, una meditación sin meditación.
Muchos lo escuchaban en silencio respetuoso, otros no lograban captar
la profundidad de sus palabras. Como en la práctica no-dual, el Actor
busca y lucha por comprender, mientras el Testigo simplemente está. En
Krishnamurti, se encarnaba esa madurez espiritual que disuelve la frontera
entre vida y meditación. Su enseñanza no era un método, sino un reflejo
vivo de que el Ser no se alcanza, porque nunca estuvo ausente.

de meditación, sino de una atención constante y una comprensión
profunda en medio de la vida diaria.

Estas perspectivas reflejan la integración de la conciencia plena
en cada aspecto de la existencia, alineándose con la idea de que, en
la madurez, la meditación se convierte en una expresión natural del
ser, más allá de las prácticas formales y las técnicas específicas.